母语
课堂
——
Muyu Ketang

·

薛
瑞
萍
母
语
课
堂

·

薛瑞萍
教育教学问答

薛瑞萍 —— 著

江西教育出版社
JIANGXI EDUCATION PUBLISHING HOUSE
·南昌·

图书在版编目（CIP）数据

薛瑞萍教育教学问答 / 薛瑞萍著 . -- 南昌 : 江西
教育出版社 , 2022.8
（薛瑞萍母语课堂）
ISBN 978-7-5705-3100-4

Ⅰ . ①薛… Ⅱ . ①薛… Ⅲ . ①小学语文课 – 课堂教学
– 教学研究 Ⅳ . ① G623.202

中国版本图书馆 CIP 数据核字 (2022) 第 102354 号

薛瑞萍教育教学问答

XUE RUIPING JIAOYU JIAOXUE WENDA

薛瑞萍　著

江西教育出版社出版

（南昌市抚河北路 291 号　　邮编：330008)
各地新华书店经销
江西千叶彩印有限公司印刷
开本 700 毫米 ×1000 毫米　　1/16　　印张 13.5　　字数 168 千字
2022 年 8 月第 1 版　　　2022 年 8 月第 1 次印刷
ISBN 978-7-5705-3100-4
定价：38.00 元

赣教版图书如有印装质量问题，请向我社调换 电话：0791-86710427
投稿邮箱：JXJYCBS@163.com　　　电话：0791-86705643
网址：http://www.jxeph.com

赣版权登字 -02-2022-242

把世界带进教室

一

"母语课堂"丛书初版于2016年。这次修订再版，将《诵读课》《吟诵课》更换为《薛瑞萍教学设计与实录》和《在家读诗》。如此，这套书就成为连续四届——连续17年的学习与工作记录。编辑希望我做一个说明，于是有了这一个总序、这段再回首。

二

遥想1997年暑假，第一次参加继续教育培训。一日上午，全科教师集中于合肥师范学校礼堂上大课。七八百名学员，齐聚一堂；没有空调的会场，热浪滚滚。

啊！那真是一个宽松、浪漫而野蛮生长的神奇年代。我怀念，我赞美！就在我满怀敬意的注视与谛听中，台上那位可敬的省教研员，她一边擦汗，一边声嘶力竭地讲。坐在后排的我，隔着滚滚热浪听见——越来越清晰地听见：

"……基础教育课程改革，试验……新课标，征集意见……教材只是个例子。教师和学生是平等的，师生与教材也是平等的。教师有权利对教材提出质疑，有责任引导学生在课堂上围绕教材展开讨论，并将其他丰富、优质的学习材料引进课堂。学生的大脑不是容器。他们需要的不是填充，而是激活和点燃……"

当时坐在后排的我，既想撇嘴，又想大笑；既想鼓掌，又想握手！教育本该如此！而我，一直都是朝这个方向努力的。只是没有得到过如此明晰、如此有力的引导，如此明晰、如此有力的支持。那一刻，是我职业生涯中的重要时刻。那年我 32 岁。

下课了，我逆人流而上挤到后台，想与老师继续交流。老师一边擦汗，一边鼓励："最好把你的做法记录下来，你也可以投稿。课程改革的关键是教师……"

被唤醒，被激活，被摇撼；发誓求真知，讲真话，做真教育；发愿在追逐理想的路上走到底。那些年，有过类似体验的青年教师太多。《薛瑞萍教学设计与实录》记录的是 2004 年春季第 12 册语文的教学，是一个教师的个人记录，是"课程改革那一届"的成长总结，也是时代的一道辙痕。

之后的岁月里，每当我感觉孤独虚无，怀疑付出与努力是否值得的时候，就会忆起那天上午的大课，同时想起 1932 年 6 月毕业季，胡适先生《赠与今年的大学毕业生》中的一番话：

> 我们要深信：今日的失败，都由于过去的不努力。我们要深信：今日的努力，必定有将来的大收成。
>
> 佛典里有一句话："福不唐捐。"唐捐就是白白地丢了。我们也应该说："功不唐捐！"没有一点努力是会白白地丢了的。在我们看不见想不到的时候，在我们看不见想不到的方向，你瞧！你下的种子早已生根发叶开花结果了！

三

之后，就是"心平气和的一届"。

《薛瑞萍读教育理论》和《薛瑞萍教育教学问答》都完成于 2004—2010 年，写作时间与"班级日志"重合。被点燃的人，连自己都怕。

"德之不修，学之不讲，闻义不能徙，不善不能改，是吾忧也。"孔子的意思是，除非你能够讲出来，并且落实到行动上，否则就不算是真的理解，真的在学。

《薛瑞萍读教育理论》就是这样一个求真知的记录。因为这些读书笔记，我结识了很多热爱钻研的同道；我们结成了真实不虚的"成长共同体"，体验着"以文会友，以友辅仁"的大快乐。

四

《薛瑞萍教育教学问答》则不同，是在朋友的鼓励和催促之下编织出来的——缘起于讲座中经常遇到的提问，回答涉及母语教学、班主任工作、家庭教育等诸多问题。相当于一本"实用手册"、一个工具箱，是一个建议、参考的意思。然而绝没有想到的是，《薛瑞萍教育教学问答》竟然广受欢迎。

2010 年 9 月，回头带一年级。新生家长会上，我亲爱的搭档——教数学的王祥玲老师宣布《薛瑞萍教育教学问答》为本班家长必读书。"这本书我读过，我和薛老师是一条心。有不明白的，先读《薛瑞萍教育教学问答》。书里说过的，不要再来问！"

王老师做得对吗？我不确定。事实上，王老师做了一件我想做而不好意思做的事情；事实上，到了"这一届"，不少做法有所调整、有所改进。结果是，2010—2016 那六年，我俩带得太顺心了。孩子以及家长都说：王老师好比严父，薛老师好比慈母，这个班好比一个大家庭。

"这一届"也即"太顺心的一届"，人数大约是点名册上的三倍。

因为阅读，"我们班"向来包括孩子父母，乃至留守儿童的爷爷奶奶；连接和聚拢我们全体的，是那些美丽的诗篇、伟大的书。

五

"心平气和的一届"的"班级日志"是一部流水账。到了"太顺心的一届"，钻研和记录变得相对严谨，于是有了成体系的《写作课》《讲述课》《诵读课》《吟诵课》。

《诵读课》《吟诵课》的课题都是经典教育。时过境迁，之后的《薛瑞萍教古诗》《薛瑞萍教童谣》《薛瑞萍教童诗》《薛瑞萍读飞鸟集》以及这套书中的《在家读诗》，都是同一课题更深入、更贴近孩子的探索与记录。所以此次再版的时候，字字皆辛苦的《吟诵课》《诵读课》如笋衣一样，随新竹拔节而自然脱落；又如落红，化作春泥更护花。

"岁寒，然后知松柏之后凋也。"松柏岂不落叶？它只是在凋落的同时，不断生出新叶而已。教育是对成长的迷恋。除非自身成长，日有所进，否则教师如何服务孩子成长？

六

讲述，实在是一个太过重大的课题。

人类学有一个说法，智人取代尼安德特人的原因不在于体力，也不在于智力，乃是因为智人是一种善说故事的物种。故事带来凝聚力、想象力。

果如是，则这种讲述在中国至迟从战国时期就开始了。夸父追日、精卫填海、黄帝战蚩尤、神农尝百草、舜耕历山、大禹治水……这些故事的滥觞，也是华夏文明的重要起源。

从类比的角度看，智人和尼安德特人的差别大约相当于地球人和三体人的差别。在《三体》中，云天明用以拯救地球人的终极武器，恰是讲述。三个童话，是三个密码本。

讲述对于人类是如此重要，如此生死攸关，以至于能够如其所是地阐明讲述之力的，只有讲述本身。《一千零一夜》中，山鲁佐德夜复一夜的讲述，挽救了自己及众多女孩的性命，更拯救了残暴的国王。故事让国王得到疗愈，重新获得理性与爱的能力，重生为人。这才是终极拯救。

在《一千零一夜》这个故事中，山鲁佐德讲故事的智慧成功吸引了国王听故事的兴趣！所以我们可以说：讲述带来疗愈；一个人只要他对故事还有需求，就还有救。

故事是纽带、清泉、忘忧草。有些时候，故事还可以是烈火，焚尽不赦的罪恶。不信，请诵鲁迅先生的《故事新编》之《铸剑》，《庄子》之《逍遥游》；伊塔洛·卡尔维诺之《看不见的城市》，厄休拉·勒古恩之《一无所有》；阿城之《遍地风流》，何大草之《春山》……它们所演绎的，都是讲述的力量。一个民族，无论物质如何丰富，若是不能源源不断地产生好故事以滋养其共同体中的成员，终究是贫乏的、孱弱的、可怜的。

《乡村教师》就是一个绝好的故事，写作《乡村教师》的刘慈欣老师就是一位超级讲述者。刘慈欣擅长将现实和科幻无缝对接，擅长弥合现实与神话的隔阂。小说中那位身患绝症的乡村教师，临终前以口述的方式命令娃们背诵牛顿三大力学定律——老师就要死了，再也来不及讲解。这时娃们背诵的，其实是埋藏于体内等待燃烧的宇宙精煤。

如果生命允许，那位乡村教师一定会透彻地讲解牛顿三大力学定律，并讲很多故事：神话、童话、民间传说、经典名著、科学家传记。

"他们有一种个体，有一定数量，分布于这个种群的各个角落，这类个体充当两代生命体之间知识传递的媒介。"

"听起来像神话!"

"他们叫教师。"

讲述是教师的基本功,此乃常识。在我看来,语文教师不爱、不会讲故事,是匪夷所思的咄咄怪事。《讲述课》是关于"说什么"和"怎么说"的课程探索。一个例子而已。到"依依不舍的最后一届",具体做法又有所调整,这是再自然不过的事情。

七

《写作课》的目的很单纯,就是想帮到那些焦虑的父母,那些被"囚禁"在写作培训班的孩子。先做读写人,再教读写课。《写作课》也是一名四十多年读写不辍的读人关于读写的分享。

"太顺心的一届"毕业了,回头带"依依不舍的最后一届"。这时候班主任已经换人,但是王老师的教育勇气却被我"继承"了下来。二年级下学期,我要求孩子人手一本《写作课》。

"这是上一届大哥哥、大姐姐们的成长故事。不着急,你们慢慢看,需要的时候看。到了几年级,就看几年级的内容。你们报别的学科培训我管不着,有了这本书,语文就不必再上任何读写班,也不必再买任何作文选。有功夫宁可到户外玩耍,宁可阅读班级图书!"

家长、孩子个个欢喜。因为整个小学阶段,孩子们遇到的写作课题、写作困难基本相同;因为《写作课》提供的示范和陪伴,是那样的真实、亲切——真实、有力。

相比于《写作课》,《亲爱的汉修先生》才是本班孩子的写作宝典。这也是王祥玲老师阅读的第一本儿童文学经典读物。王老师哭着说:"哎呀,薛呀,太感人了!我觉得鲍雷伊爸爸也挺可怜的,我希望鲍雷伊的妈妈让他回家。"

"你去问问孩子们吧!"我如是答。

八

在家读诗，是我从中学到今天不曾间断的生活方式，如呼吸一样自然。所以那样热切地带着孩子及家长做经典阅读，那样不遗余力地建设书香班级、书香家庭。归根到底，是想为自己找到同伴，找到灯。

感恩一届又一届孩子的陪伴！

又是毕业季。今天是我"太顺心的一届"孩子高考的日子；到9月，我带的最后一届宝贝也要升初中了。一代人有一代人的挑战，一代人有一代人的使命。2022年太不寻常。孩子们啊，老师为你们读诗，为你们祝福：

火　车

贾希特·塔朗吉　余光中 / 译

去什么地方呢？这么晚了，
美丽的火车，孤独的火车？
凄苦是你汽笛的声音，
令人记起了许多事情。

为何我不该挥舞手巾呢？
乘客多少都跟我有亲。

去吧，但愿你一路平安。
桥都坚固，隧道都光明。

九

"学生的大脑不是容器。他们需要的不是填充，而是激活和点燃。"这是常识。学生如此，教师何尝不是？如同创业从来都是持续创业，点燃——也从来都是持续点燃。最后，摘几段话送给亲爱的同行们——

> 我的脑海里经常回荡着几百个老师焦急的声音，他们在问我："你如何判断，如何确定孩子在学习什么东西呢？甚至他们是不是在学习呢？"答案很简单，我们无法判断，尽管我们不能确定。我对于教育的看法建立在一个信念之上，尽管有很多证据可以支持这个信念，但我无法证明，可能永远也证明不了。这可以称之为"信仰"，这个信仰就是人天生是学习的动物。鸟儿会飞翔，鱼儿会游泳，人类会思考和学习。

> 因此，我们不需要通过哄骗、贿赂或者恐吓去"推动"孩子学习。我们不需要不断地刳开他们的头脑以弄清楚他们是不是在学习。我们需要做的——唯一需要做的——就是尽我们所能地把这个世界带到学校和教室，给孩子们需要的及他们要求的帮助和指导，然后就走开。我们要相信他们能做好余下的事情。

> （约翰·霍尔特《孩子是如何学习的》）

把世界带进教室。这是我们唯一需要做的事情。

其他一切，交给祈祷和信仰吧。

初稿于 2022 年 6 月 7 日

定稿于 2022 年 6 月 16 日

赠　品

我要送些东西给你，我的孩子，因为我们同是漂泊在世界的溪流中的。

我们的生命将被分开，我们的爱也将被忘记。

但我却没有那样傻，希望能用我的赠品来买你的心。

你的生命正是青春，你的道路也长着呢，你一口气饮尽了我们带给你的爱，便回身离开我们跑了。

你有你的游戏，有你的游伴。如果你没有时间同我们在一起，如果你想不到我们，那有什么害处呢？

我们呢，自然的，在老年时，会有许多闲暇的时间，去计算那过去的日子，把我们手里永久失了的东西，在心里爱抚着。

河流唱着歌很快地流去，冲破所有的堤防。但是山峰却留在那里，忆念着，满怀依依之情。

（泰戈尔《新月集》）

昨天上《日有所诵》，希望他们回家把《赠品》读给父母并记下父母的反应。

"即便老师做了解释，作为孩子的你们，现在也不能真正理解《赠品》的意思。所以请读给父母听；所以请格外留意父母的反应。一定很有意思！"

阳光灿烂的早晨，第一节语文课。"昨晚将《赠品》送给父母的请举手。"

61个人，没有一个人举手。

"今天是圣诞节。告诉我读了，把父母的反应讲给我听——这是我期待的圣诞礼物。可是，你们看，白白伸出请求的双臂，两手空空啊！今天是圣诞节，对于我来说，这是一个没有礼物的节日。可是，尽管如此，我仍要送我的礼物给你们。"

一片羞愧的寂静中，教师开始朗读《亲近母语·全阅读（小学五年级）》之《圣诞节礼物》。第一次听到赛珍珠的这篇文章，是上届孩子在圣诞节前的一次读书课上读给我听的。

朗读结束，掌声响起。

"'啊！多么美好的圣诞节！当父亲把刚才发生的一切告诉母亲的时候，他又羞愧又自豪，那颗心又激动地跳动起来。'今天的问题只有一个：罗伯为什么感到羞愧？"

"罗伯想到自己平时起床磨磨蹭蹭。""这么一件小事，父母居然那么幸福。""罗伯觉得自己早该这样做的。""罗伯更加强烈地意识到父母对自己的爱，他也意识到父母需要自己的爱。""她觉得自己为父母做得太少了。"

"是啊，父母爱我们，父母需要我们的爱！今天是圣诞节，我希望——我再次希望今晚你们能把《圣诞节礼物》读给父母听。这是你们送给父母的圣诞礼物，也是对老师的补偿。愿意读的，保证说到做到的，请举手。"

58个孩子举手。怎么可能58个孩子都读？但我已经学会只将目光和心思聚焦于那些读的孩子。如此，我才能兴致勃勃，如此我才能心平气和。而当教师兴致勃勃、心平气和，大大受益的将是所有孩子。

如果收到期待的礼物，教师自然高兴。没有收到期待的礼物，于失落的心境中，教师依然送出预备的礼物——当礼物送出，当心情因为孩子专注的倾听、真诚的承诺而回复愉悦平静，教师深为自己感到高兴。

这份于失落的荒野收获的愉悦平静，是教师为自己赢得的礼物。

一年将尽，回顾日志，心中常常恍惚：这样的记录，与其说是班级共同经历的教学过程，不如说是教师独自走过的心路历程。说过的话，流过的泪，究竟有多少印在孩子的心中，究竟是播下的种子还是过耳的清风，实实在在，教师是不得而知啊。然而还要说，然而还要做，然而还要求索，然而还要记录。如此说如此做如此想如此写，究竟是出于工作的需要还是出于自我排解、自我鼓励、自我确认、自我迷恋的需要，教师也是不得而知。

班级是道场，教室是道场。工作其实就是修行。而修行，说到底就是修心。也许，如此说如此做如此求索如此记录的最终——最真实的成果，不在学生身上，而在教师内心。

说过做过想过写过，幼稚、浮躁、脆弱的一个人，慢慢趋于成熟、宁静、刚毅。

山自兀立水自流。果能如此，夫复何求？

目
录
MULU <

为什么说秩序是儿童生命的必需

儿童是如何学会说话的

学生持续的阅读热情从哪里来

为什么要日有所诵

图画书为什么对于儿童是重要的

如何让语文课堂成为文化合成的地方

为什么教师必须先做读书人

三本书的札记

（一）关于《破茧而出》

（二）关于《马斯洛论管理》和《动机与人格》

壹

为什么说秩序是
儿童生命的必需

，
。
？

为什么不能完全顺其自然

贪图安逸是大多数人的本性。六七岁的孩子，谁愿意长时间坐在教室里学习？真正的"顺其自然"是听从儿童意愿，不想读书的话，就不来上学。然而一个无法回避的现实是：无论你和他（她）愿不愿意，孩子都要在学校里度过 9 年或者是 12 年的学习生活。

比成绩更要紧的是学习态度，成绩又在很大程度上取决于学习态度。

谁都知道学习是艰辛的，往往是枯燥的。所以，一个热爱学习的孩子往往是一个很早就懂得对生活持负责态度的人，品学兼优就是这个意思；当然，学生中也不乏因为资质和能力倾向的原因，勤勉却不能取得佳绩的，其实他们的努力没有白费，学习过程中所获得的非智力因素的发展，已为他们的将来奠定了良好的基础。

谁都知道帮助儿童学习是艰辛的，有时甚至是痛苦的，所以，唯有那些肯付出心力，关注儿童成长的父母才是负责的成人——是教育学意义上的父母，而不仅仅是生物学和法律意义上的父母。

起始学段，儿童需要成人的帮助。有人需要的多一些，长久一些；有人需要的少一些，很快成人就能放手。当你对于儿童获得帮助的需要置之不理的时候，教师的努力终因父母的松懈而事倍功半。这样的孩子，学习大多是好不了的。

父母是孩子的第一教师，当家长对儿童持放任自流的态度的时候，怎能希望孩子是勤勉上进的？不扶自直的孩子确实有，但毕竟太少。

欠佳的成绩和孩子缺乏责任感的学习态度互为因果，孩子将越来越与我们这个积极上进的集体格格不入。因为在他那里，学习是任性的、负责任是痛苦的。随着年级的升高，学习的任务将越来越重，学习要求将越来越高，于是，对他而言，整个学校生活将变得越来越不愉快。

人的心灵是一片田野，不长嘉禾就长野草。随之而来的可能是让教师和家长担忧的种种倾向。

为什么说放任就是放弃

一个常见的误解是：放任自流，顺其自然，完全没有负担、没有挑战的童年就是快乐的童年。对此，看云以为大谬不然。儿童需要吸收物质营养才能茁壮成长，需要吸收心灵的营养才能实现精神胚胎的"实体化"，成为强大有力的自我。对人而言，精神发展的需要得到满足，是和寒冷饥饿时得到衣食一样生死攸关的大事，这是人生幸福的前提。唯此我们可以解释，为什么放猪娃高玉宝会发出"我要读书"的呐喊；唯此我们可以解释，为什么会有那么多的贫苦孩子，对于物质生活上的种种艰难甘之若饴——只要能够上学，只要能够读书。

人一方面需要成长、渴望成长，一方面又畏惧成长、逃避成长。因为成长需要付出艰辛、承受疼痛，成长意味着从熟悉安全的地方进入陌生的充满风险的地带。成人如此，儿童也是这样。

儿童的成长，需要我们的帮助、鼓励、督促、鞭策，有时甚至是逼迫和监督。只要我们方法得当，孩子终将品尝到成长的大快乐。这便让我们和孩子所有的付出有了意义和报偿。

很多时候，放任其实是放弃。很多时候，不给一点任务和压力其实是蔑视。因为你不信任孩子能够承受成长之痛，进而不信任孩子有资格、有能力享受成长的幸福。

怎样才能延长孩子集中注意力的时间

《朗读手册》的作者吉姆·崔利斯以为：帮孩子延长集中注意力的时间的最好方式是与他一对一地相处，这也是迄今发明的最有效的教学方法。哈佛大学的心理学家杰罗姆·卡根在研究如何改善有学习困难的孩子的语言问题时发现，一对一教学对帮助孩子集中注意力特别有效。他指出，读故事给孩子听，并留意他们听故事时的反应，可以带来许多好处。所以他强调，如果可能的话，家长最好给每个孩子单独读故事听。

吉姆·崔利斯说：我知道这个方法对于父母都上班，且有一个以上孩子的家庭而言并不容易，但一周七天里，总应该能找出时间与孩子单独相处，让他发现你对他的专注，哪怕一周只有一两次的机会。

吉姆·崔利斯还以为：儿科医生可以，而且应当成为朗读活动的有力推动者。如果每一位儿科医生在新生儿出院的时候，建议父母每天给孩子朗读，那么，会有多少父母免除了由于"不知道"而造成的终身遗憾啊。

为什么说一年级是儿童成长过程中的特殊敏感期

"一年级"这个词，除了显而易见的意义之外，还有一个特定含义：孩子作为新生来到学校，以班级为归依，大家一起学习知识、学习公共生活、学习秩序、学习如何学习。从这个意义上说，由于生源、教师、环境等各方面，有的班级的"一年级"会提前结束，有的班级可能到了二年级，还处在"一年级"的状态。

一年级是儿童成长过程中的特殊敏感期。

荷兰科学家德弗里斯在一些动物的生活中发现了敏感期的存在。

幼虫必须吃嫩叶，蝴蝶就把卵产在靠近树干的树枝的角落，那里既安全又隐蔽。当幼虫刚刚钻出外壳的时候，是什么东西告诉幼虫它们必需的嫩芽可以在树梢找到呢？是光线！幼虫对于光线特别敏感，光线吸引着它，以一种不可阻挡的力量召唤它、命令它——沿着树枝蠕动前行，直到树木最高的地方，直到找到这一时期它必需的食物。令人惊讶的是，当幼虫长到能吃其他食物，对光线的敏感性就失去了。

受德弗里斯启发，蒙台梭利观察儿童的学习、游戏、生活，第一次发现了幼儿的敏感期，并且把它运用于教育工作。

笼养的天鹅，翅膀硬了不再会飞。骨头坚硬了再学体操，是不可能的。

一年级是恢复秩序感的特殊敏感期，培养阅读兴趣与阅读能力的特殊敏感期。

为什么说秩序是儿童生命的必需

这是读蒙台梭利获得的启发。以下观点基本都是来自她的著述。

内心深处，我们都希望有这样一个环境：在那里，我们闭着眼睛也可以到处走动，仅仅伸手就能拿到需要的东西。对于平静而幸福的人生而言，这是必不可少的。无论外界多么凶险，无论奋斗多么疲倦，我们都可以在这里找到安全、舒适、踏实、自由的感觉，就像安泰可以随时偎在大地的胸怀。

这种环境的基石是定位，是物件的井井有条。

这种环境的升华是和谐，是人群中的每一个各安其位，大家快乐有序地生活在一起。

然而我们竟不知道：同样的感觉，弱小的儿童比我们更为迫切地需要。

蒙台梭利之前，几乎所有的人都认为：儿童天生是杂乱无序的。

这一致命的误解造成两个结局：一方面是自以为热爱秩序的成人把儿童看作混乱的根源，避之唯恐不及；一方面是自以为了解儿童的教师没有认识到在孩子当中建立秩序，恰是对儿童天性的回归与尊重。

蒙台梭利发现：幼儿的一个显著特点就是对秩序的热爱。一岁半或2岁的儿童能清楚地指明一些东西，他们需要自己周围的环境井然有序。这种对秩序的热爱和依赖，远远胜过主妇对整洁的偏好，达到了生死攸关的地步——婴儿不能在杂乱的环境中生活，在那种地方，他烦躁不安，他绝望地哭喊，甚至会用生病来表达痛苦和焦虑。

然而，这种内在的需要却无人了解。长大一些，他对于环境的敏感性就消失了，但他在敏感期所承受的轻视与伤害，却作为最隐蔽的伤痛，长久地留在了心灵的深处。混乱和无序，恰是病痛复发的表现。

在"儿童之家"，蒙台梭利看到一个2岁的孩子会以平静主动的方式表达他对秩序的热爱：任何东西摆错了位置，小孩子会热切地将它们归于原位。这样做是出于内在需要，因为零乱给他带来不安的信号；对他来说，这是难以忍受的刺激。每一个母亲大约都可以忆起：把东西摆放整齐，这样的工作给孩子带来了安宁与快乐。

自然赋予儿童对秩序的内在敏感性，这种敏感性得到了满足，孩子就能在关键时期学会适应环境、理解环境、在环境中确认自己的位置。

先是在熟悉的生活环境中确认物件和自己的位置，安舒地生活在里面；然后在社会环境中寻找、确认自己的位置。这是拥有愉悦人生的前提。

错过敏感期，秩序感没有获得正常发展的孩子，是世上的迷路之人，他们给别人带来混乱，也给自己制造痛苦。所以，秩序是儿童生命的必需。

为了建立秩序，一年级应当注意哪些事情

20多年的班主任工作经验告诉我：一年级是帮助孩子恢复、建立秩序感的关键时期。教师要理直气壮地建立班级秩序。

俄国作家托尔斯泰曾说过：5岁的我到今天的我，只走了一小步；刚出生的我到5岁的我，中间则走过漫长的路。5岁开始教育，太迟了。教师能做的，属于亡羊补牢的性质。这样说，一是提请大家注意不要错过关键期，二是不要把太多的责任揽在自己身上，很多事情尽力而为、问心无愧，足矣。一样的道理，对于特别优秀的孩子的之所以优秀，教师也不要贪天之功。先天禀赋、学龄前家庭教育对于一个孩子的成长至关重要，教师能做成的，是浇灌、施肥之类。

纪律和秩序：生成秩序，是尊重学生曾遭遮蔽的天性，是服从于孩子个人的、内在的需要；强调纪律则意味着为了班级，为了一个外在于孩子的高高在上的目的，逼迫他们服从规范。两者的价值取向存在巨大差异。

为了建立秩序，在一年级，我的做法是：

1. 迅速记住每一个学生的名字，表扬或者批评。

2. 眼要勤，进教室迅速扫视每一个角落。暗暗记住吵闹的孩子，不让这几个吵闹的孩子左右了自己的情绪，从而无视大多数安静孩子的安静。越是面对吵闹的教室，越要保持平静，于平和中听见那听不见的声音。违反纪律的点名给予一次警告，两次课后站5分钟，3次到办公室。

3. 让学生和家长知道：倾听比发言更重要。让学生记住："你听别人的，我们再听你的！"

4. 不要期待一年级孩子能够保持40分钟专注和安静。讲课15分钟之后，音乐可以作为放松身心的甘泉，可以作为培养和恢复秩序

的土壤。在音乐中小憩、写字、看课外书。当一年级的孩子可以整首地听完《春江花月夜》《平沙落雁》《雪绒花》《友谊地久天长》《梁山伯与祝英台》的时候，他们的内心世界，比起刚入学，已经有了太大的不同。

为什么音乐能生成秩序，因为美好的音乐，是声音世界里美好的秩序。而所谓美，黑格尔说，"不过是秩序的感性表达"。

一年级如何做到以静传静

模仿是儿童的天性，作为入学新生的儿童，其闹腾和不安，有时是迫切寻求模仿对象的表现。一年级，尤其是开学之初的几个星期，教师心态的安宁或是浮躁，对于渴望模仿的孩子来说，其影响力远远超过教师的想象。

期待孩子拥有定力和静气的教师必须首先拥有定力和静气，万不可被孩子的闹腾与不安所控制，反过来做了闹腾孩子的模仿者、追随者。要以静制动，要以静传静，要听见多数孩子内在的对于秩序的渴求。举例来说，上课铃声响起，如果 60 个人中有 10 个孩子在叫，那声音就足够令人愤怒的了，如果这时教师因为愤怒而不分青红皂白地对全班发火，那么教师就是完全被少数闹腾的孩子左右，完全忽略了多数安静孩子的需要和存在。这种没有针对性的全面轰炸，只能助长闹腾孩子的气焰，令多数孩子感到失望并且白白地耽误了原本宝贵的课堂教学时间，白白败坏了自己的教学情绪。

比较聪明的做法是教师先站在门口看一会儿，默默看清并且记住闹得最凶的几个孩子的名字，然后选择相对安静的一个小组表扬他们的安静。这时的表扬，令人惊讶，传达出的是一种深具感染力的信心和力量。一组一组表扬过来，如果是四组，一般情况下，到第三组，基本全班就安静了。然后教师心平气和地上课。下课了，再命令课前喧哗的几个学生到办公室接受批评。

讲课过程中，如果下面出现混乱，教师要分析原因，如果是孩子疲倦了，就放一些安静的音乐，涵养他们。如果必须点名批评，教师不妨轻声点名，万不可和学生比音量。第一，一个教师的音量永远比不过一个班孩子的音量。第二，教师的大嗓门只能加倍激发孩子的大嗓门，其结果是很可怕的。让孩子安静真的很难，然而更难的，是面对喧闹时候的心境。如果做到了更难的，困难的可能会比较容易，方法也自然出现。

什么是课堂上的黄昏时分

前奏结束了，听见歌声了。

教师开始写字。邓丽君唱得很慢，差不多正好她唱一句，教师写一句。恍惚间，那世上至为甜美纯净，至为温柔婉转的歌声，就是从这一支绿色粉笔中流淌出来的。

去年元夜时，花市灯如昼。月上柳梢头，人约黄昏后。
今年元夜时，月与灯依旧。不见去年人，泪湿春衫袖。

随着歌词的出现，孩子们开始了试探、哼唱。先是女生，然后男孩子也跟进来了。一遍又一遍，越来越自信、越来越像样的歌声中，教室里的气氛变得惬意。这是我挚爱的歌者，这是我喜欢的孩子。邓丽君，她正带着我的孩子们唱我最爱的歌呢。

去年元夜时，花市灯如昼。月上柳梢头，人约黄昏后。

白昼属于头脑和意志，夜晚属于心灵和肉体。夜晚是一朵黑色的郁金香，从黄昏开始绽放。柳梢明月，是它的花蕊——馥郁璀璨。

只有白昼没有夜晚的精神是难以想象的，正如只有白昼没有夜晚的世界不能想象一样。黄昏，那是自然——我们的母亲在用越来越浓、越来越柔的暮色笼盖我们、提醒我们："回家吧，孩子。回到身体、心灵和潜意识。如同倦鸟归林，疲鱼奔渊。"

可是，并非人人都听得见母亲的呼唤，并非人人都拥有广袤、温柔、甜蜜、可靠的黄昏啊。那些黄昏时分有约可赴的人，那些黄昏时分可以把自己交给身体、心灵和潜意识的人们啊，何其幸福！因为他们拥有的，是完整的世界，完整的生命。

也有不唱的。看书，剪纸，画画，打盹，发呆……唱与不唱，一样无所事事、一样无所用心。一任音乐，把自己带到不知所在的所在。哦，这是我们的黄昏时分。这样的黄昏时分，这样的黄昏体验，让他们觉得教室里也有完整的日子，教室里也可以做完整的自己。于是学生对于教师，对于学校的归属感抑或更加可以期待。

如何对待爱说不爱听的学生

爱说不爱听，是缺乏接受性语言能力的表现。由于不爱听，这种孩子的心门基本闭塞。发言对于他们自己来说，作用仅止于展示已有已知，不会发生交流所应当带来的长进。所以，对他们来说，发言不重要，不发言更好。

这种孩子出风头的意识特别强，在入学之前，他们在家里基本被惯坏，是家庭一言堂的小堂主。所以到了学校，他们基本不能实现角色转换，不能认清自己的身份，不能理解自己的任务，不能区分客厅和教室。如果不问他们，他们会愤怒不安；如果问到他们，回答之后，他们会激动不已。这就给班级带来强烈的干扰。为班级计，为这个孩子计，教师都应当对他实施冷处理。让他经历痛苦，从而刻骨铭心地知道：课堂是大家的，只有我听别人的才能希望别人听我的。这个过程中孩子自然很痛苦，但痛苦是成长的必需。

培养学生表达性语言能力很重要，培养学生接受性语言能力也很重要。世界上没有唯一的真理，对于具体情况和具体孩子，需要具体对待。

为什么要提高发言质量

培养和恢复秩序感，帮助孩子养成专心听讲的好习惯，最根本的途径在于让孩子听到富有吸引力的课堂教学语言。语言无味则面目可憎。对于大多数幼小胆怯的孩子来说，只靠惩罚和高压也能让他们安静下来，但那种安静是一种死寂，是生命力遭压抑的结果。安静的背后发生的是儿童活泼的生命力渐渐流逝的悲剧。

多媒体永远只是辅助手段，无论教学设备现代化到什么程度，教师的语言永远是孩子汲取知识、感受关爱的最基本途径。所以，每一个教师要像爱美的女性日不间断地从事健身运动一样日不间断地修炼提高自己的语言素养。所以，苏霍姆林斯基说，语言素养是教师第一重要的职业素养。那些不幸而做了语言无味、面目可憎的教师的学生的孩子，将在漫长而痛苦的学习过程中，为教师的劣质语言付出快乐乃至健康的代价。他们的听课时间，分分秒秒都在忍受中度过。

教师语言是学生语言的范本。教师在努力提高自己语言的精练度、精彩度的同时，也要随年级升高，对孩子课堂发言提出质量要求。这是对发言孩子的成长促进，对课堂时间的珍惜，更是对全班孩子渴求新鲜美好声音的"内在听力"的呵护。

实施惩罚需要注意的是什么

没有惩戒的教育是不可想象的。但一定要让孩子知道，一定要让孩子确信，你的处罚是必需和善良的。这种"知道"和"确信"是一种至关重要的基本态度。这种基本态度的牢固确立，是一切教育得以收效的前提。当孩子心怀抵触的时候，惩罚只能激化师生矛盾，从而使得孩子对于教师的基本态度发生动摇。基本态度一旦动摇，紧接着的就是教育关系的对立和破裂。

所以，实施惩罚的时候，一定要确保受罚者心服口服，这既是困难的也是第一重要的。同时，又不能让他们将惩罚看成游戏，对惩罚的轻慢往往连带着对教师的轻慢。这里有一个微妙的尺度把握，教育之所以成为艺术，我想，盖因如此。

在一个大班里，为了秩序的缘故，很多时候，惩戒这一个人，其实是为了警示大家。当个性舒展和集体前进发生冲突的时候，只有约束前者了。

如何看待奖励的激励效果及副作用

在一个集体里，有个别孩子不爱读书，这也正常。教育固然是一对一的，但教师在期待和考量自己工作成效的时候，更多要看主流，看氛围。想大多数孩子，因读书而奠定了怎样的人生；想那几个不算爱读的孩子，如果不是融在这样充满书香、和谐文雅的环境里，可能会变得顽劣、凶蛮。

这里有一对矛盾：一方面，教师希望奖惩起到刺激作用，如果孩子们都心平气和、宠辱不惊，修到了佛的境界，那我真是既没面子，也没奈何；另一方面，教师又希望孩子们不要把外在评价看得太重，现在的激励，正是为了将来不用激励，也能兀自沉浸在阅读之中，从而拥有属己的充实、宁静与幸福。

当快乐不是来自别人的给予，快乐便无人可以夺去。那时候，人便活在自己之中，人便获得了大的完满和自足。

抬脚是走路，落脚也是走路。

是周而复始地打破和制造平衡，使生命呈现行进与成长的过程。

我喜欢富有张力的文字、思想和实践，喜欢将自己置身于这样的矛盾之中，唯此，可以拥有教学机智、教育智慧。同样道理，愿意将学生抛进矛盾中，使他们在必须承受的阵痛中成长起来。

大爱无情。哪怕是误解和委屈，也是他们不能或缺的经历，是他们精神获得钙质的唯一途径。正如玫瑰，要想认识蝴蝶，就必须承受几条毛毛虫。

家长应当怎样看待孩子的座位

座位是家长的敏感点，更是班主任的头疼事。家长对于座位过分敏感的原因不外乎二：其一，孩子多动，容易干扰别人，害怕孩子被发配到"被遗忘的角落"；其二，孩子性躁，易受干扰，听课格外依赖同座位的安静。殊不知，潜伏在敏感背后的，是家长对于孩子乃至对于教师的不信任；殊不知，过分优越的座位环境恰恰断绝了孩子于磨炼中渐渐获得自控能力的可能性。这种过敏，既强化了孩子对于"我不行"的负面认同，也强化了教师对于孩子及其父母的负面印象。

新学年新在哪里？就是人人精神都有新气象，人人心中都有新期待。教师对班级充满信心，学生对自己充满信心。一路走来的家长啊，也该对教师、对孩子、对自己充满信心。

学生的课堂表现，总是班主任与任课教师日常交流的重点；每次的座位调动，都是班主任与任课教师斟酌协商的结果。家长所关注的，也在教师的关注之内。所以，作为父母，能做和该做的，就是首先教育好自己的孩子，然后把信任给予教师、把信心给予孩子。只能如此，你别无选择。否则你的焦虑，只能让孩子变得更加躁动，更加孱弱，更加不能自控，更加缺乏自我教育能力。这种对于环境过分依赖的根性，必将成为孩子一生致命的缺陷。

关于座位，只能反映情况，不可要求调动。对于表现不好的同座，该教育还是该调动，教师会在调查之后，慎重处理。决定座位的权利，在对全班负责的教师，而不是在心中只有一个孩子的家长。

为什么说后排更重要

第一，一般情况下，后排的孩子都是大个头，他们的个头和体积决定了他们的安静或者躁动的影响力大于其他同学。

第二，一般情况下，后排的孩子及孩子家长都以为后排是被教师忽略的角落，所以这里往往容易成为骚动和混乱的发源地。后排一旦乱起来，必定在教师未及察觉的时候悄悄连成一片、形成气候，等到教师感觉情况严重需要治理的时候，往往已经迟了。如果这个时候教师真的对后排另眼相看，甚至将后排作为班级里的流放地，这个班级就已经不是健康、团结、有凝聚力和上进心的班集体了。正如有了一个烂洞的苹果，你绝不能说只是烂掉的一块儿不新鲜。

多年经验告诉我：后排稳则班级稳，后排优则班级优。所以本班成绩最好，自控力最强的孩子，恰恰集中在后排。每次讲图画书的时候，教师总是问："最后的同学能看清吗？"每次提问的时候，教师期待的目光总是首先投向后排。

为什么新学期第一课最好上"正课"

新学期第一课，大多数教师都是进行常规教育。如果每一学科的教师都这么做，那么开学第一天，学生从上学到放学听到的就都是关于纪律、作业、文明、卫生等方面的老生常谈的训诫，这一天将多么令人感到单调，这一学期的开头将多么没劲。如此糟糕的开端，足令之后的教学和教育工作大打折扣。

开学之初的新鲜感是一学期良好状态的源泉。如果教师对孩子天性有足够的体察，就会珍惜这种新鲜感，因势利导地牵引学生在第一时间以新鲜的感觉拥抱新鲜的知识，以新鲜的知识为新鲜的感觉长久保鲜。

育人比教书重要，先育人后教书。这样逻辑不通的话，我们听得太多太久了。问题是，学习是孩子的任务，正如学习捕猎是幼狮的任务，学习过程中需要付出的艰辛和努力，其实就是一个优秀的人必须具备的责任感和意志力。"皮之不存，毛将焉附？"正确的顺序应当就是"教书育人"四字本身所规定和表明了的。学习生活中其实就渗透着道德教育。在学校，脱离教学的一切道德教育、常规教育，其实都是无本之木、无源之水，是漂亮而虚空的形式。

所以，新学期第一课最好上"正课"。

听说读写，按部就班；从严要求，毫不含糊。一个暑假松弛久了，我就是要让学生从第一天、第一课起，把脚跟在课业上、在秩序上站牢立稳了。二年级以来，每学期的班级图书借阅，都是从第二周开始——其间所读，都是各人从家里带来的书——也是这个原因。

深根固本，然后枝繁叶茂；中心不动，然后随心所欲。这是不能颠倒过来的。

一报到，就在整洁的教室里坐下，而不是又搬桌椅又打扫，东跑西窜乱哄哄；一上课，就该讲的讲，该读的读，该写的写，而不是手忙脚乱，等这等那。一分钟都不耽误，一节课都不对付，一个细节都不迟疑，一个环节都不松动。一切的一切，契合着孩子格外新鲜灵敏，格外易受感染的精神状态，按部就班，依律而行。

报到、典礼、还有上课第一天，对学生而言，这是升学之初三个兴奋区。教师一定要在这三个敏感时段，如同点穴一样，把自己的决心、信心、期待、要求，准确有力地传达给班级的每一个。如此这般，以后的事情会轻松很多。

什么叫好钢在刀刃？这就是。

什么叫打蛇打七寸？这就是。

消防队员似的焦头烂额，以及按下葫芦起了瓢的困窘的种子，大多是在开学之初由教师自己亲手种下的。

为什么家庭要有高度的教育学素养

苏霍姆林斯基在《给教师的建议》里指出：家庭要有高度的教育学素养。

如果没有整个社会，首先是家庭的高度的教育学素养，那么不管教师做出多么大的努力，都收不到完满的效果。

家庭智力生活背景，即书籍在家庭生活中所占的分量于学龄前，便在很大程度上决定了儿童智力生活的状况。

在苏霍姆林斯基的学校里，家长会的主要内容是读书汇报，朗诵是其中必备的节目。所以，如果希望孩子好，那就先成为读书型的父母，那就从今晚做起，和孩子一道，安静地看书。如果你不能在书桌前坐半个钟头，又如何要求孩子每天从早到晚坚持五六个小时的艰苦学习呢？

苏霍姆林斯基还告诉我们：所有那些有教养、好求知、品行端正、值得信赖的年轻人，他们大多出自对书籍有着热忱的爱心的家庭。

当然，你也可以举出文盲父母"培养出"优秀子弟的例子来反驳我。但你不要忘记，物以稀为贵，之所以文盲之家的才俊可以名噪一时，恰是因为那样的情况太少啊。书香门第出学者，谁会为此而惊讶呢？

贰

儿童是如何学会说话的

，

。

？

为什么说母语应当具有比民族性更高的价值内涵

无论发生了什么事情，母语依然是我们的家园。只是这个现实的家园可能是温馨、安全、可靠的，也可能被糟蹋得阴暗、危险、诡秘。

语言、思维和人的心灵是一体的关系。当一个人习惯于说着自己也不相信的假话的时候，或者已经"成熟"到确信区分是非真假已经不重要的时候，分裂的不仅是他的言和行，更是他这个人；当说话对于别人意味着不由分说的灌注或者蛮横无理的噪音的时候，他的内心又如何能够平静祥和呢？

母语应当是滋养生命之树的广袤丰沃的泥土。但每一个民族的母语的泥土都会长出污秽的恶草、开出有毒的花朵，当恶草、毒花多到一定程度的时候，则说明这个民族的精神不够强健。如果孩子是呼吸着这种有毒的气体长大的，那么我们如何可以对孩子、对社会的未来抱有信心？

有人会说，儿不嫌母丑，狗不嫌家穷。很多事情都是国情和传统注定了的，我们能做的只有适应。我们也真的看见很多人，在这种环境里适应得很好。

除了民族性之外，母语是否还有更深或者更高的境界？当国情和传统确实含着污染成分的时候，是否应当打开窗户，吹进清新的风？除了教师，我们是否应当在适应之外，为自己的工作、自己的生活赋予更多的价值和意义？

我们一起欣赏周益民老师讲的《小王子》一课。

"世界上真有小王子和狐狸吗？"周老师问。

沉默。台上一班学生，台下听课的上千名老师都被问住了。

> 狐帆远影碧空尽，唯见长江天际流。
>
> 海内存知己，天涯若比邻。
>
> 在天愿做比翼鸟，在地愿为连理枝。
>
> 曾经沧海难为水，除却巫山不是云。
>
> 子在齐闻韶，三月不知肉味。
>
> 衣带渐宽终不悔，为伊消得人憔悴。

当投影仪打出如上句子的时候，我的感觉是"洞天石扉，訇然中开"。伟大事物是有生命的，它不仅可以发出呼唤，还可以牵着我们往前走，带着我们往上飞。苏醒了的伟大事物，必能激活孩子的思维、感悟和表达。

> 唯一的船帆，唯一的云朵。爱人被爱驯养，朋友被友谊驯养，孔子被音乐驯养，研究者被科学驯养……
>
> 唯一的朋友，唯一的男孩，唯一的金色卷发，唯一的麦浪如海。
>
> 唯一的笑容，唯一的关爱，唯一的嘱托，唯一的无尽等待。

大约如此。当时，周老师让孩子们在小王子和狐狸中选择一个作为倾诉对象，写出自己对小王子或狐狸的理解。于是，第一个站起的男生念出如上的句子。场内一片宁静。

当学生从这些人们耳熟能详的中国古典名句中认取了圣·埃克苏佩里笔下的小王子和狐狸的时候，"母语"的概念也被重新认取。

游客来到太平洋上的一座岛屿，见一个孩子爬上了高高的槟榔树，一个土著妇女在树下大叫。游客中一个母亲说："她在喊孩子：'快下来，当心摔坏了！'"

翻译颇为惊讶："她喊的正是这些话，难道您懂得当地方言？"

"不。是母亲都会这样说。"

母语——妈妈说的话——"是母亲都会这样说"的话。

温柔、慈爱、关切、呵护，如此深切、真诚地表达了人类对于爱和被爱的渴望的，才是母语温暖的内核；忠诚、坚贞、奉献、公正，如此深切、真诚地传达了人类共同价值取向的，才是母语力量的源泉。

母语教学的境界，就是教师的人格境界。作为从事母语教学的人来说，比爱祖国、爱民族更为重要的，是他对真诚、善良、正直、趣味这些人类伟大情怀的虔诚。比民族性更高的是光明圆满的人性。

之所以扯这么远，实在是在做儿童阅读推广过程中，不止一次被质疑：为什么你给孩子读的作品中，外国的作品居多？为什么放着现成的四书五经不用，而要让孩子背诵源头也是从外国学来的儿童诗？在他们看来，作为母语教育工作者，这是数典忘祖和大逆不道的。

对于这些疑问，我们只需回答鲁迅先生在 20 世纪初说过的话：

> 要我们保存国粹，也须国粹能保存我们。保存我们，的确是第一义。只要问他有无保存我们的力量，不管他是否国粹。

为什么说母语是种子

如果没有了真诚、善良、美好、趣味作为内核，一个人再怎么口若悬河，再怎么下笔千言，也只是噪音发声器、垃圾制造者或者环境污染源。

我所拥有的对于本该纯净温暖的母语的虔诚，好比是满把的种子，我所面对的孩子就是我的福田。当种子在那里播种、生根，当他们长大，连同语言能力、思辨能力、语言素养、精神素养一起获得更新和提高的，也是他们的人格境界。想到这一点，我就会为自己从事的这一份职业感到自豪。

为什么说母语是建构性的

是的，传统文化的优秀成分需要继承和弘扬，然而，继承弘扬传统文化最好的方式是更新和发展，而不是抱残守缺、固守一隅。更新和发展的唯一路径是放眼世界、海纳百川；是挣裂了题着"传统""国粹"的烫金大字的坛坛罐罐的禁锢，将生命的根伸到广阔的沃野里去。

是的，我们要做民族文化的传承人。然而，完成传承的任务是需要能力的。能够完成传承任务的，只能是有着强健体格的新人、强人，而不是因循守旧、唯古是尊的文化土著。

我们听说日本的商界都要研究《孙子兵法》，日本的儒商是一手拿算盘一手握《论语》的；我们还听到诺贝尔物理学奖得主汤川秀树是从小背诵《庄子》的——这些都令爱国的人们兴奋莫名，仿佛这些能够证明 21 世纪是世界向东方文明首先是中华文明学习的世纪。如果天真到了这种地步，那是怎样一种不可救药的盲目自恋。

正确的思路应当是：想想同样的《孙子兵法》《论语》《庄子》，为什么竟没能拯救旧中国免于落后挨打的命运；想想《孙子兵法》《论语》《庄子》对于日本文化是怎样一种外来的必需的补偿。于是我们抑或可以悟出：在努力发掘自家好东西的同时，我们也要向别人汲取我们自身先天缺乏的东西。在我们需要拿来的诸多好东西当中，首先需要拿来的，乃是人家那种毫不客气的拿来主义。

母语不是名花，不是文物。有前途、有生命力的母语从来都在建构发展的路上前行着，在与各民族文化交流的过程中成长着。一旦停止了交流与吸收，母语就走进了死胡同。关于这一点，我们以佛法东传对古代汉语的影响和民族融合对唐诗繁荣的促进为例加以说明。

从六朝志怪小说到变文到有着强烈"世事无常""一切皆空"思想的《红楼梦》，从供养佛、塔的歌舞伎乐到演绎佛教故事的"目连救母"，到既反映世俗生活也反映轮回报应思想的《窦娥冤》——中国小说、戏剧的产生和发展受到佛教的深刻影响。"溪声尽是广长舌，山色无非清静身"——中国人引以为荣的诗，更因为对于禅意的追求，而臻于空灵超脱。

很少有人知道，今天包围着我们的许多日常用语，那些在我们心目中最为纯正的中国词儿，它们均来自佛教：世界、实际、觉悟、实相、净土、彼岸、因缘、方便、究竟、烦恼、解脱、众生、平等、唯心、天女散花、现身说法、天龙八部、口吸西江、井中捞月、五体投地、三头六臂、功德圆满、心猿意马、唯我独尊、拖泥带水、隔靴搔痒……从东汉开始的佛经翻译、佛法东传，在丰富了汉语词汇的同时，也为汉语结构带来清奇的骨骼。

唐诗繁荣的原因，不是中原儒士的固守耕耘，而是泱泱大国的海纳百川。"葡萄美酒夜光杯""胡琴琵琶与羌笛"为我们送来的，是大异中土的风俗人情。"君不见走马川行雪海边，平沙莽莽黄入天。轮台九月风夜吼，一川碎石大如斗，随风满地石乱走。"岑参《走马川行奉送出师西征》三句一转韵的奇特节奏，更在千秋百代之后，依然新鲜如昨地为子孙传达出胡旋舞那朔风暴雪般的遒劲与律动。

每一个民族，当其鼎盛，其国民对于外来文化必是悦之纳之、从容处之；当其危亡，其精英和先驱竭力去做的，必是对外面世界的介绍、输入和不可避免的生吞活剥。

五四时期新文化运动的将领，有几个没有做过这样的传播和介绍的工作？暑假读了胡适翻译的《哲学的改造》，因为是胡适的译笔，怎么读怎么感觉那个循循善诱给我上哲学课的不是杜威而是胡适先生。当我们用母语翻译一种思想的时候，得到更新拓展的，是我们的思想，也是我们的语言。思维和语言是一体的，怎能想象一种生机勃勃、清新强劲的思想居然可以由一种陈腐老套、虚伪造作的语言传达、承载和孕育？

出生之前，母语对于胎儿意味着什么

出生之前，母语是母亲说话时体内的振动。

人体具有听、视、嗅、味、触五种感觉。这五感的获得和发展并不是同步的。日本的七田真认为，五感之中首先开始的是听觉，然后是触觉。医学观察证明：婴儿出生之前，耳朵已经长成，7个月的早产婴儿耳朵已经发育，完全可以使用了。

绝对娇弱的胎儿在子宫里的处境是绝对安静、温暖、舒适的。子宫和羊水把胎儿与外界的一切侵扰、病害、噪音隔离开来，这时候在获得听觉之前，发育中的胎儿耳朵最初感知到的并非声音，而是母亲在说话或者情绪变化时带来的体内振动。每一个民族的母语都是具有特定的波长范围和频率范围的，儿童对于母语特定节奏、特定频率的感知和认同其实从胎儿期就开始了。

法国心理学家、音响音声学权威托马提斯认为：体内振动音是语言的母体。胎儿在子宫内通过感知母亲说话的声音学习语言，在这一时期，语言被记忆，而说话机能的形成也是在这一时期。

儿童是怎样学习说话的？对于这个问题，人们经常这样回答：他们天生就有理解人类语言的能力。这个答案等于什么都没有说，因为婴儿周围有上千种声音，他们却只学到了人类的声音，只对人说话的声音格外敏感，这是为什么？

在声音的海洋里，只有人类的语言给婴儿留下的印象最深，如同一座光明的岛屿，以它奇异的风光，极为强烈地吸引着婴儿那没有意识的心灵，促使婴儿的神经系统产生热情，在内心激起情感共鸣，进而促使他们发出相同的声音。这股强大的热情和共鸣的洪流，其源泉就是出生之前胎儿对于母亲体内振动声的熟悉。早在出生之前，孩子就对将要学习的母语有了亲切的感知；母语作为人永久的精神家园，是从出生前就注定了的事情。所以，母语只能叫作母语，而不能叫作父语。

一到两岁时期，母语对于婴儿意味着什么

一到两岁时期，母语是婴儿耳朵浸泡其中的温暖话语。

"来啊，宝宝！我们起床咯！吃奶咯！""今天的天气多么好啊！""呵呵，小衣服真漂亮！""爸爸怎么还不回来？这个大坏蛋！等他回来看妈妈怎么教训他！""不给他饭吃！啪啪！打他的大屁股！"

哪一个婴儿的母亲在带孩子的时候不是这样叨叨不休，像是对话又像是自言自语的？这种看见宝宝就情不自禁的絮絮叨叨，是母爱的必需，更是婴儿的必需。这是语言，儿童虽听不懂具体语义却能感受到其中的爱意——充分汲取其中爱意的精神乳汁。对于婴儿来说，这是滋养培植其语言能力的甘泉与沃土，也是鼓励促使其勇往直前的能量与热源。"一想到自己是母亲最爱的宠子，我的内心就充满了征服世界的雄心。"弗洛伊德如是说。

文明造成的母子疏离的害处是什么

相比于所有其他哺乳动物，人类的婴儿期、幼儿期是最为漫长的。人类个体几乎全开放的基因编码系统决定了人类儿童期的超级漫长，也决定了儿童对成人及文化环境的依赖性。人类的婴幼儿是那么的柔

弱无力，很长一段时间里，一天也不能离开成人的照看。相比于很快就能独立视听行走的哺乳动物，婴儿其实是体外胎儿，是必须和母亲时刻不离地待在一起的。

社会的压力使人类越来越远离自己的本能，母亲越来越丧失自己的母性。现在很多农村的母亲为了生计或者挣钱，过早让孩子断奶，把孩子留给爷爷奶奶照看，将来的事实必定证明她们这样做是得不偿失的。对家庭、对社会都是如此。

也有母亲迫于生计不得已而如此。有一位母亲为了保住工作，三个月就给孩子断奶。据说孩子还挺乖，只是睡觉，不哭也不闹。我真心希望这不是一种回归子宫的倾向——一种因为觉得来到世界很受冷落而渴望回到安全的未出生状态的倾向。这样的孩子长大之后，很可能惧怕挑战，畏缩不前，也可能根深蒂固地认为世界不接纳自己，对世界有着根深蒂固的漠视或者敌意。其根源是在出生之初就种下的。

卡夫卡，总以为自己就是唯一不能升级的那个人，却以优异的成绩升级。他喊女友为"妈妈"。为什么会这样？因为童年的卡夫卡几乎没有得到母爱。他是永远的婴儿，永远的弃儿。

同为犹太人，同样在学生时代遭遇种种歧视的弗洛伊德则说："一想到自己是母亲最爱的宠子，我的内心就充满了征服世界的雄心。"

爱，尤其是母爱，乃是人学习母语和其他一切生存能力的力量和智慧的源泉。

从前我们的母亲在我们出生之初是一刻不离地把我们带在身边的，哪怕自己在辛苦的劳作中，也要把宝贝背在背上。到了我们做母亲的时候，开始听到一种新的理论，鼓励父母早点放开孩子紧紧搂住自己的臂膀，掰开孩子紧紧牵着自己的小手，软硬兼施地逼迫孩子独自睡觉。可是，在我们学习西方人，让孩子很小离开母亲独自睡觉之前，蒙台梭利就提请西方母亲反思自己的做法。有人说，西方国家的儿童比较爱哭。作为医学博士和幼儿教育专家的蒙台梭利认为，儿童经常哭，性格暴躁，动辄发脾气，表明他们处于精神饥饿的状态。孩子在用哭泣要求着母亲的拥抱、抚摸和喁喁絮语。

人之初，为什么必须服从母子一体的自然法则

相比于西方人的做法，蒙台梭利更赞同的哺育方式是在落后国家和未开化民族那里依然保持得很好的母子一体的天然状态。蒙台梭利充满怀念和羡慕地写道：在世界上的大多数地方，母亲和孩子紧密相连，是一个不可分割的整体。整个儿童时期，孩子都和母亲在一起，他们总是跟在母亲身边，一起出门，一起采办家庭用品，母亲与小贩讨价还价，孩子就在旁边听，把整个过程看得一清二楚，这不仅加深了母子之间的关系，同时也增强了儿童适应社会的能力。

在孩子的婴幼期，尽量多地和孩子待在一起，并非出于理智的思虑，而是服从天赋的本性；当母亲把孩子当作体外胎儿倍加呵护、母子一体的时候，既满足了孩子的需要，也满足了母亲情感和天性上的需要。从前的母亲是这样做的，将来的母亲也应当这样做。

孩子的耳朵从出生之初就浸泡在母亲温暖的话语里。从前在母亲腹内就熟悉了的振动和节奏，随着婴儿耳朵的发育，正在变成一天比一天明晰的话语，正在变成一天比一天清晰的意义。这种连续可靠的亲切感、喜悦感、清晰感，就是促使儿童学习语言的甜蜜而强劲的诱惑。

儿童是如何学会说话的

这是一个迄今为止没有达成共识的问题，也许永远没有确定的答案。

儿童学习母语最关键的时期是在3岁以前。儿童一般在3岁左右就完全学会了说话。儿童一旦开始说话，就能够表达自己的需求，不再依赖别人。从某种意义上说，他已经是人类成员之一。因为语言是人们交流的工具，儿童掌握了语言，就开始了社会交流。

造物主好像在3岁时画了一条界线，把3岁以下和3岁以上分为两个时期。孩子到了3岁才开始有意识和记忆，前者虽然很重要并充满创造性，但如同孩子出生前的胚胎期一样，成了被遗忘的时期。当他满3岁出现在人们面前时，似乎是不可思议的，似乎变成了另一个孩子，他与成人之间的天然纽带断了，他已经属于自己。

关于儿童是如何学会说话的，人们能做的只是观察和猜测。

1. 10个月时，开始意识到听到的声音具有某种意义，有了学习说话的内驱力。

观察显示：婴儿出生之前，耳朵就已经长成了。婴儿10个月的时候，开始意识到听到的声音具有某种意义。当父母对他们说话的时候，婴儿知道这些话表达某种意义，并努力去理解其中的意思。

说话有神奇的力量，说话让事情发生。在儿童的心灵里，也许认为说话就让事情发生的父母是无所不能的。只要父母说话，事情一定就发生。随着母亲柔声的答应，就来了甜蜜的乳汁；父亲说了什么，母亲就和他一起让家具的位置发生了变化。在儿童看来，这是神奇的。

人的本质就是语言。初生的孩子，唯有用哭泣表达需求，有时父母能听懂，很多时候听不懂，哭泣不被理解，而自己又没有行动能力，这意味着灵魂被囚禁在柔弱无力的体内。这种痛苦，在成人是不敢想象的。

当然，充满儿童婴幼期的不全是这种痛苦，因为父母之爱包围着他，父母在猜测他的心思。自然赋予人类的学习语言的能力，好比一粒种子，需要落在适宜的土壤，才能顺利发芽成长。在这一过程中，双亲之爱，是儿童学习语言和其他能力必不可少的力量来源。很多有着语言障碍的孩子，其听觉器官、发音器官和大脑机制都没有问题，之所以会自闭、口吃、胆怯，不敢说话、不会说话，是因为在出生之初，遭受到没有得到及时修复的心理创伤。

2. 儿童一般 1 岁左右开始说话。这个时期的儿童需要营养丰富的语言环境，需要听见符合标准的语言。

这个时候，儿童开始意识到语言与事物的联系，学习语言的愿望日益强烈，这样就在他们体内引发了一场冲突，他们试图冲破过去的无意识状态，趋近意识状态。就这样，儿童将经历人生发展中的第一次冲突。他们有强烈的交流欲望，却因无法达到这个目的而苦恼，于是他们在潜意识里加紧学习，不久就取得了令人惊讶的成就。灵魂和意志冲破婴儿肉身的束缚，要用语言来呈现自己。

1 岁半左右的儿童，意识到每样东西都有名称，每个东西都由一个特定的词来表示。也就是说，儿童能从听到的词语中分别出一些具体名词，这是一个多么大的进步啊！刚开始说话的儿童，只会说单个的名词，心理学家称这些名词为"一个词的句子"。

有时候，我们看到大人与 1 岁左右的孩子对话，往往会会心一笑，觉得这个成年人童心未泯，其实我们没有认识到儿童所遇到的困难，没有意识到应当给予儿童提供学习正规语言的机会。尽管儿童的语法知识是自己学到的，但成年人在与儿童说话时也应遵循语法规则，这样就能够帮助儿童正确地组织语言。

3. 儿童 2 岁后不久，进入语句爆发期。

这个爆发期又分两个阶段。第一阶段是词汇的爆发，第二阶段是思想的爆发。

第一阶段的词汇爆发期（3~4 岁），孩子会指着见到的每一样东西问：这是什么？那是什么？在第二阶段的思想爆发期（4~5 岁），孩子则会问：为什么？因为随着语言能力的增长，思维能力也在增长；随着词汇的丰富，思维也在丰富。

0~3岁的儿童在无意识地学习语法。凭着无意识心灵对环境的吸收能力，儿童从海量的、没有解释的话语中，一个接一个地理解了那么多词语的意思，并且抽象出语法规则，用于表达自己的愿望。在利用意识学习的成人看来，在我们目前以理解为中心的学校教育看来，这是最不可思议的事情。

3岁学会的语法，到了3~6岁就有意识地完善它。此外，这个年龄的儿童对词汇有一种特殊的感知力，将会学到许多新词汇。在这个时期，儿童好像患上了词汇饥渴症，非常渴望学习新词汇，因此我们应该及时提供帮助，系统地教他们学习词汇。

3~6岁的儿童对词汇兴趣盎然，学习起来不知疲倦，学会的词汇不易忘记，在以后的岁月里，儿童能够很流利地使用这些词汇。可是到了下一个发展阶段，情况就不同了，儿童的发展方向转向其他能力，学习词汇变得困难起来。所以儿童学习语言的最好时期是3~6岁。这时候，日常语言已经远远不能满足儿童对于词汇的渴求，怎么办？大手小手同捧一本书，为孩子朗读起来。阅读，听读，最迟也要从3岁开始。

当然，我们不能对儿童强行灌输词汇，而要把词汇与实物结合起来，进行户外活动，对词汇的学习与实践经验应保持同步。比如，向孩子们展示花草昆虫的标本，让他们看到实物，或者给孩子们看地球仪，与此同时讲述一些地理知识。只要对照实物、图片、图表，儿童学习起来就不会有太大困难，而且很容易记住单词。

为什么要回顾儿童学习说话的历程

全世界的儿童，不分民族、种族、国籍，到了6岁，仿佛一下子从无拘无束、自由自在的顽童变成严肃的小学生了，这是一件多么神奇的事情。儿童来到学校，并非一无所知，一无所有，在来到学校之前，儿童在一个内在导师的准确无误的指引下，完成了以成人的思维和意识难以想象的伟大的创造，仿佛无中生有：一个具有一定独立意识和自控能力的小人儿被创造了。学习班纪校规，服从班纪校规，坐在教室里，控制住自己的手脚和嘴巴，努力听讲，努力理解，努力思考和表达。所有这些能力的获得，竟然主要是在无意识状态下完成的，这是多么神奇和伟大的成就啊！对比儿童在6岁之前学会的知识和具备的能力，6岁之后的成就，无论多么巨大，都是微不足道的。

6岁之前的儿童的学习，如呼吸一样自然。在如同呼吸一样自然的状态中，人完成了一生中最重要的学习。教师面对这些孩子，怎么能如同面对一张白纸，忽略了孩子曾走过的神奇的学习之路？

循着蒙台梭利的文字，回顾6岁之前儿童学习母语的状态，就是为了溯流而上，使得孩子入学之后的学习，尽量如学前一样自然。

入学之后，母语对于儿童的意义是什么

入学之后，母语应当是滋养健康的生命之树的沃土。

展开来说，这句话的意思是：6岁以后，儿童的精神生活发生了两个重要的变化。第一，具有独立意识和一定程度的独立行动能力，他们的脚步迈出家门，眼睛更多地看到外面的世界，耳朵更多地听到庭院以外的声音；第二，作为小学生，开始了书面语言的学习。这时候，社会提供给他们的母语环境应当是滋养健康的生命之树的沃土。

对于儿童的精神发展而言，提供健康美好的母语的营养，用琅琅书声为他们构筑一个温馨、实在的成长环境，既是强健儿童的骨骼，也是丰满他们的血肉；既是给他们打造坚固的船体，也是为他们扬起漂亮的风帆。

语言是特殊的物质环境。入学之后，对于儿童来说，母语应当是清新、健康、安全、温馨的成长环境——物质环境。

环境为什么重要

教育首先要做的事情，就是向儿童提供学习环境，使大自然赋予他们的能力得到充分发展。这不仅仅是出于我们的爱心，或者让孩子们高兴，还要求我们调整观念，遵循自然法则，与自然进程协调一致。

教师必须大胆放手，仅仅为孩子们准备好材料，就让他们动手。我们的任务就是让家长和教师明白，对孩子的干涉是不必要的，即使孩子做错了什么也没有关系，这就是所谓的"非干预教学法"。教师应当判断孩子可能需要什么，像一个仆人细心地为主人准备好晚餐后退下，由主人随意享用。教师还应该具备谦卑的品性，不要把自己的意志强加给孩子，同时还要保持警觉，随时注意孩子的进展，为他们准备好下一步所需要的材料。

> 适宜的环境、谦虚的教师和科学的材料——这就是我们的教育方法的三个外部特征。（蒙台梭利）

为什么要重视对于无意识和潜意识的呵护和培植

诵读、朗读、阅读不必事事追求意义和对于意义的语言性表达、显性表达。难以言表的体验往往是最甜蜜、最可贵的。学生对于诵读、朗读、阅读的朦胧而真挚的喜悦也是这样。

重视对于无意识和潜意识的呵护和培植，就是为了让儿童心灵常常恢复 3 岁前的状态，让儿童心灵尽量多地保持其天赋的吸收能力。有意识地让儿童学习开始于无意识和潜意识。这是铃木镇一的小提琴教育成功的原因。

成人如果常常放下功利之心，教师如果卸下教师的甲壳，也可以恢复童心——恢复具有吸收能力的心灵。

为什么说阅读从 6 岁开始已经太迟了

阅读开始于哪里？就在孩子凭借无意识的心灵学习说话的同时。

先看我的同事小安记录的"妞妞阅读史"。

妞妞满月之后，小安开始给孩子读儿歌。没有智力因素的活动是令人厌倦的，为了不让自己厌倦，小安就整首地念《春江花月夜》，不是为了培养天才，只是为了让自己不厌倦。往往一首没有念完，孩子就睡着了。在小安看来，目的就达到了，而且比来回念一首劳累的程度轻得多。没有压力，没有目的，恰是学习的最佳状态，因为儿童学习不是用意识，而是用她那具有吸收能力的心灵。

10 个月大的时候，正是隆冬时节，照例，晚上又和妞妞坐在被窝里看《小婴儿童话》，这本书已经看过很多遍了，几乎每天都看。每次都是按顺序读完整本书。妈妈读第一个故事："森林里有一间小木屋，住着三只小胖猪。大老虎阿乌看到小猪，馋得流口水，他说'我要把它们全吃掉……'"读到这里，妈妈停了停，没想到的是，妞妞居然接着说了"阿乌"。妈妈以为可能是巧合，又来一遍，结果还是一样。虽然只有两个字，但是妈妈很高兴，妞妞会接着说故事了。这是一个词的故事。

1岁7个月，把班级共用图书里的图画书带回家给妞妞看。小安充分满足孩子对重复的需要，一本书看到不愿再重复了，才换新的。这一天，妈妈一回家就直奔厨房为妞妞做饭，妞妞绕前绕后要妈妈讲故事。等吃过晚饭，一切都收拾好了，终于可以读书讲故事了。已经吃饱的妞妞，一边听《驴小弟变石头》，一边响亮地吧嗒嘴，吃饭都没有这么香啊！什么叫津津有味？津津有味在成人那里只是一个比喻，在儿童那里，就是一个事实！

1岁8个月，妈妈在刷牙。妞妞说："我也要。""你要做什么呢？你又不会刷牙？"妞妞想了想说：

"小鸡说老鸡，长大我也咯咯咯。"

那几天，小安正教女儿念儿歌：

"老鸡说小鸡，你是个笨东西，教你咯咯咯，你偏唧唧唧。小鸡说老鸡，我不是笨东西，长大我也咯咯咯，下出蛋来孵小鸡。"

反复是儿童学习的必需，在反复中，儿童形成学习的节律；在反复中，孩子无意识记忆了母亲所念的儿歌，再将儿歌在无意识中进行选择、理解并且会运用。

2岁2个月，妈妈读图画书《我》，读了四遍之后的一个晚上，妞妞和妈妈一起躺在床上，妞妞说："妈妈，我要吃水果。""可以，但今晚不行。我们要睡觉了。明天你想吃香蕉还是苹果，自己决定。"妞妞从容答道："凡事自有主张。"而这一句话，就出自只读过四遍的图画书《我》。原句是：

"我／我喜欢自己／我热爱生活／我走自己的路／凡事自有主张。"

引导儿童热爱阅读，也应当走一样的道路，让孩子的耳朵浸泡在美好的声音里，让儿童的眼睛浸泡在美好的文字和图画里。少说教，少指导，少废话！

2岁2个月，妈妈一回家，妞妞就翻妈妈的提包。一天翻出一张写满字的纸，那是妈妈随手塞进提包的会议记录。只见妞妞把那张纸端端正正地放在茶几上，抹平了，指着上面的字，清清楚楚地念道："清明时节雨纷纷，路上行人欲断魂。借问酒家何处有，牧童遥指杏花村。"

阅读开始于哪里？

阅读开始于完全没有任务和压力的聆听，阅读开始于手指对于书页的触摸。就这样不知不觉，就这样一点一滴，就这样由表及里——书籍进入了人的内部，书籍融入了人的骨血。如果触摸发生在双亲的怀抱和膝盖，如果触摸的同时听见父母的朗读，那么孩子就会不被告知地意识到：书里有好听的声音和有趣的故事，书是和父母怀抱、父母声音一样亲切温馨的好东西。

阅读等到上学开始已经太迟太迟。那些在6岁以前从来没有过亲子共读的体验的孩子，当他们来到学校和其他孩子一起，面对同样的教材学习书面语言拼读、识字、阅读、发言，这些事情对于他们无异于一场毫无准备的冒险。除非少数先天禀赋特别优异的超常儿童，对于6岁才开始学习阅读的孩子来说，来到充满竞争的学校，就像一匹刚刚出生走路还不稳的小马驹来到了赛马场上。是的，在教室里进行的、为考试而组织起来的学习，就是一场又一场连续进行的马赛，等待那些孩子的只有失败，只有沮丧。一对一的帮助只能在父母和孩子中间实现，要求承受着考试压力的教师做到一对一，是不可能的，也是不公道的。

为什么说6岁以前的生活基本决定了人的一生

蒙台梭利以为：6岁以前的生活基本决定了人的一生。

儿童2~3岁的生活之所以重要，是因为这一时期所受的影响将会影响其一生。假如儿童0~3岁的发展遇到障碍，形成了心理和人格上的缺陷，进行治疗的最好时期是3~6岁。因为在此期间，大自然正在全面培养和完善儿童的各种能力。如果0~3岁造成的缺陷在3~6岁得不到弥补，这些缺陷就会一直存在，而且发生越来越大的影响，到6岁以后，这个儿童就会形成人格偏差，影响其是非观念的形成。这样的孩子身上，就不会出现这个年龄应有的道德特征，而且智力也会低于正常人，也就无法形成自己的性格，难以适应学习要求。这如同蝴蝶的生长过程，不论外形还是生活习性，蝴蝶和幼虫都大不相同，可是蝴蝶的美丽取决于幼虫的形态，而不是对其他蝴蝶式样的模仿。

为了培养学生的阅读能力和兴趣，教师可以怎么做

6岁以前的生活基本决定了人的一生。

作为教师，既不能把孩子推回6岁以前，甚至塞回母亲的肚子，一切重新来过，又不能代替孩子的父母，做到一对一，还要承受无法抗拒的考试重压，我们怎么办？我的意见有三条。

第一条，直面、接受学生之间的差异，这差异源于早期教育及儿童先天禀赋的不同。拒绝机械意义上的一视同仁。面对不同的孩子，提出相同的学习要求，这才是最大的教育不公。知道了早期教育的至关重要，就意味着我们既不能贪天之功，也不必过于苛求自己。不要强求一致，不要为班级、为具体孩子的学习和成长设定目标。我们要做的，就是在接受差距的前提下尽力而为，为他们的成长提供适宜的

环境，让花朵美丽，让树木参天，让草色青青。参差多态，是幸福的本源。都说教师的压力大到足以让人发疯，让人崩溃，其实足以让人发疯崩溃的压力只能来自自己，是教师对于自己的过高要求。如果我们懂得自我保护，如果我们确信问心无愧就是成功，外在的压力便很难将我们压倒。

在应试压力很大的现实面前，我们更要坚定不移地和孩子站在一起，分担孩子的压力，减缓孩子的焦虑，不做帮凶，绝不要让教室成为赛马场。而要担当起替代父母的责任，让教室成为孩子另一温馨的家庭。你给孩子的温暖和宽松，其实也是给予自己的。心平气和地对待学生，就是心平气和地对待自己。只要你自己有一枚源于真理的定海神针，外面的压力是不能压垮你的，反而，当你心平气和地对待自己和学生的时候，教学效果会比死盯着考试要好很多。

第二条，从图画书开始，为孩子读起来；从童谣童诗开始，带着孩子诵起来。建立班级书库，让童书成为滋养孩子精神发展的清洁充沛的水源。简单的事情反复做、定期做，从而形成稳定的节奏，筑成亲切的环境。这种环境对于孩子来说，有类似于家庭的温暖和放松，但其纯净、温馨、优雅、丰富和充满生机又是很多孩子在家里不可能得到的。如此，班级就成为孩子共同拥有的精神之家；如此，教师就成为教育学意义上的母亲。

第三条，唤醒父母的教育意识，努力帮助他们从生物学、社会学意义上的父母提升为教育学意义上的父母。具体地说，就是热切呼唤"请跟我来"，大力倡导亲子共读。对于那些书卷气息严重缺乏的父母来说，对于那些对儿童阅读严重缺乏了解的父母来说，唤醒他们的最好方式，就是带着他们读图画书。

教师如何推动 6 岁以前的儿童阅读

一间教室到一间教室，一位母亲到一位母亲。美好的事情是有生命的。生命是主动的。主动的生命一旦被激活，就会自己往高里长、往远处播。

当初，只是因为学生多忙不过来，所以呼吁家长"请跟我来"，"请和孩子一起读"。帮老师一把，扶孩子一程。多年过去了，事情的发展远远超出教师期待。很多孩子正在成为改变父母的温暖柔软的力量，很多母亲所读所涉猎已经远远超出了教师的视野。母亲，主要是母亲，一个接一个的母亲，就像一盏接一盏点燃的明灯，正在成为最富热情、最有影响力的儿童阅读推广人，照亮她们的周围。

比千军万马还有力量的，是一种适逢其时的思想。我们庆幸自己所做的正是这样一件适逢其时的事情。当越来越多年轻的父母，围拢在童书的周围，围拢在孩子的周围，大声读给孩子听；当越来越多的婴儿、幼儿在母亲的怀抱里聆听朗读，在父亲的膝上抚摸书页——我们怎么能说自己对于儿童 6 岁以前的事情无能为力？

教育的本质是以树摇动树，以云摇动云。

阅读从哪里开始？

只要我们愿意，只要我们努力，我们可以深信，对于那些正在被感动，正在被点燃，正在被摇动的人们来说，阅读——从我们胸中卷着波澜的一点教育良知开始。

叁

学生持续的
阅读热情从哪里来

，
。

？

为什么说低年级是培养阅读兴趣和阅读能力的关键期

关于敏感性、敏感期，关于成长关键阶段的机不可失，我想再说一个例子。

在七、八年级，苏霍姆林斯基看到一些学生基本没有解题能力，在那里痛苦无望地挨过一课又一课、一天又一天。经过观察，他发现，这些高年级学生真正缺乏的，不是学习数学、物理、生物的具体本领，而是阅读理解能力。

于是，苏霍姆林斯基当这些七、八年级的学生是一、二年级的小孩子，从头开始，培养他们的阅读能力。

事实的结局让苏霍姆林斯基震惊万分：同样的时间过去，同样的努力付出，大孩子的阅读水平的提高远远不如小孩子，大孩子的阅读热情及感悟能力也远不如小孩子，好像他们大脑里主管阅读理解的那一部分已经功能萎缩。教师的劳动好比播出的种子，小孩子是一片疏松的热土，大孩子却是一片板结的硬地。

于是苏霍姆林斯基感叹：原来，阅读能力的获得与增长，与人脑的生理解剖发育过程密切相关。同一个符号世界，在小孩子眼中明亮、美丽、新鲜，在大孩子那里却是一片遥远的模糊。只因为，也曾经照临文字的神奇之光，没有人帮助他们好好把握，他们没能沿着光所指引的方向前行。

人误地一季，地误人一年。很多事情，错过了就永远错过了。

培养学生的阅读兴趣，是一件刻不容缓的事情。下手越早，得益越早，将来越舒服。

自由阅读时间里，教师何为

当孩子自由阅读，教师与其像个警察似的来回巡视，将不信任和不安详由踱步传达给孩子，远不如自读来得好。这个时候，教师最好读好玩的书，想笑就只管笑，让孩子看见你的开心。这种沉浸，这种开心，必和孩子的沉浸、开心相得益彰。

偶尔也抬头，为的是暗暗记下东张西望的家伙，到目前为止，还没有逮到一个。

之所以如此，可能被逮的极个别，因为有所畏惧，更因为同学和教师无声的影响，也熏得安详了。

为什么一定要建立班级书库

"老师，我借书！"

"第二层，自己找。"

书橱第二层是四（2）班的书，紧靠橱壁的几本是教师自己的。

"老师，我借这本。"

"嗯，好好看。"抬起头，认真看了一眼孩子手中的书，并且念出书名，"哦，《逃跑的孩子》。"孩子希望老师看见，孩子能将老师的"看见的目光"印在心里、渗进书中、带回家去，然后在家里，在老师"看见的目光"里"好好看"，好好读完那本书，因为那是老师的书。

老师的书总是好的。哪怕到了六年级，孩子也是这样确信。这说明什么？说明必须建立班级共用书库，说明班级图书可以成为集体洁净甘美的精神泉源。

一个智力正常的孩子，无论他愿不愿意，都必须在校度过 9 年学习时光。6 至 15 岁的这 9 年，对人一生的重要性，是无论怎样高估也不为过的！可以这么说，让孩子热爱阅读，就是让孩子热爱生活，就是为孩子一生的发展奠定明亮温暖的底色，就是让孩子获得自我教育的能力。这是教师竭力让孩子热爱阅读的原因。

为什么一定要建立班级书库？

读共同的书，就是过共同的生活。是这种基于阅读的共同生活、共同体验，使学生对于班级、对于好书有了一种与日俱增的亲切感、归依感。对于绝大多数的独生子女来说，对于那些父母无暇关注其精神需要的孩子来说，这种亲切感、归依感就显得尤其必需和可贵。

以班级为单位集体购书，是为了引导阅读、满足需要，更是为了增强基于共读的班级凝聚力、亲和力、净化力。

这是学生成长的必需，也是教师着力建立班级书库的目的所在。

孩子是否一定要读经典名著

《朗读手册》的作者吉姆·崔利斯明明白白地忠告美国人民：为了培养终身读者，在中小学阶段，必须强调"轻松易读"的原则。学生所读是否经典不是最重要的，因为学校工作的终极目标在于培养终身读者，而不是英语教授。

同样的意思，置于中国，就该这样说：对于儿童来说，第一需要培植和呵护的，是他们的阅读兴趣；社会进步及民族昌盛所需要的，是多多益善地把读书当作第一休闲选择的普通公民，而不是中文教授。

吉姆·崔利斯列举大量事例说明：很多大名鼎鼎的人文学者和著名作家，他们小时所读的，多是畅销书、急就章、系列小说，其品位和性质，正如今天的《哈利·波特》。

韦尔兹利大学英语系主任亚瑟·高尔德教授说："希望老师及图书馆馆员只鼓励学生博览群书，不必要求学生读某些特定的书来自找麻烦。"他又说："我建议高中老师用秤来称书，看书的重量评分。"
他解释说："我的认识是，要趁年纪小的时候贮存记忆。人们需要吸收大量的奇闻逸事、闲话八卦及情感经验，我们获得大量信息后，理清头绪的恰当时机便会出现。杂乱无章，一塌糊涂，首尾不分，前后倒置，不必担心什么书还没看，或每个人都该看什么书。这些对我而言，全是适用于中学阶段学习阅读的名词与原则。"高尔德反对高中生读莎士比亚、希腊神话、现代诗及罗伯·弗罗斯特的诗。

2006 年 4 月，东南大学榴园宾馆咖啡厅，一位负责高中读本编写的朋友问："张晓风的散文、席慕蓉的诗，要不要入选？"

"当然要！"我几乎喊着说，然后陈述理由，"30 岁后，我还挺喜欢她们。我忘不了初读时候，她们带给我的快乐。我们不能忘本，不能忘记来路；我们不能凭着自己 30 岁达到的高度，剥夺了孩子享受清浅明快的权利。青少年阅读，原本就应当是清浅明快的！就拿我的儿子来说，不要说是在压力巨大的高中，就是今天，关于阅读，我也是关心阅读是否使他快乐，胜于关心阅读是否使他高深。"

毕竟，记录和描写本国儿童生活和学习状态的读物，更能让学生走进、沉浸，更能让他们爱上阅读、亲近写作。其间的亲切感和对于习作的示范作用，是"国际大奖"无法替代的。我们以为"稀松平庸"的地方，在孩子那里，也许恰是爬升需要的缓坡。谁知道呢？

教师能做的，就是让班级图书尽量多样化，以满足不同孩子在不同时期的需要。从这一学期开始，科普读物开始大量进入我们的班级书库，将来还要有艺术类。

为什么要鼓励孩子建立自己的私人藏书

条件允许的话，应当鼓励孩子建立自己的私人藏书，这是由儿童而至家庭营造书香气质的最佳途径。内在精神的培养，离不开必要的物质环境。

为什么孩子学习越吃力越需要读书

苏霍姆林斯基在《给教师的建议》里指出："30 年的经验使我相信，学生的智力发展取决于是否会很好地阅读。"

为什么读书使人聪明呢？美国教育家施道弗告诉我们：阅读时用于眼球移动的时间仅占 5%，其余 95% 的时间用于思维。

根据 20 年的经验，看云得出这样的结论：大凡是文理兼修、学习轻松的中学生，都是在小学就养成了良好的阅读习惯，对课外书籍有着浓厚兴趣的人。人的大脑好比待垦的荒地，广泛的高品位的阅读，使它成为热土，只有在这样的沃野里，才有可能长出参天的智慧之树，结出丰硕的知识之果；仅抠教材的人，他的精神世界无疑是贫瘠的盐碱地。即便现在的考分很高，我们也不敢对他的将来乐观。

有一种常见的错误观念：我的孩子完成"本职工作"已经费力了，还是少读课外书，集中精力务正业为好。

对于这种看法，我们还是听听苏霍姆林斯基的见解吧。

请记住：儿童的学习越困难，他在学习中遇到的似乎无法克服的障碍越多，他就应当更多地阅读。

正因为功课对于这些孩子来说很艰难，所以我们更要鼓励他们去读自己喜欢的课外书。这就好比让一个在封闭的屋子里干活干久了的人，到鸟语花香的园子里散步。否则，他们对于学习的理解将是枯燥和无法忍受的。

有些孩子不是不聪明，而是开窍较迟，用教育学家的话说，是思维暂时处于沉睡的状态。那么，怎样唤醒思维，使他们蕴藏着的聪明苏醒过来呢?

最好的方法就是让他们多读有趣的课外书。当孩子怎么努力也解不出一道在别人看来很简单的数学题时,苏霍姆林斯基是这样做的——他说:"孩子,放开吧。你先看看这本漫画书,回头再来想。"

为什么说上品的口语能力是听出来读出来的

忘不了初中时,每晚6点,守着破旧的小半导体收音机,守着评书专场,收听《岳飞传》的幸福时光。那时候,刘兰芳是我的偶像。虽然偶然也在同学中间学说《岳飞传》,但我始终相信,对我口语最有帮助的,首先是收音机边如痴如醉地听,然后才是锻炼。

童年、少年时期,正是精神发展的饥渴期、旺盛期,所有真正"听进去"的,引起强烈震荡和共鸣,从而融入成长中的"肉身"内部的声音,即便从未有意识地模仿过,他(她)的口语能力也一定和从前大不一样。

上品的口语表达能力,是练出来的,更是读出来、听出来、熏出来的。

为什么儿童到了学龄必须上学

为什么全世界的儿童都要在大致相同的年龄入学,从"读写算"开始学习大致相同的课程呢?

这是因为,在文明社会,在中小学阶段,学校所传授的知识是一个人交流、学习乃至谋生、求职、发展的基础。所以,美国伟大教育家杜威认为:在文明的社会里,不具备阅读能力的人相当于未经开化的野蛮人。

教师终年和学生打交道,所教班级非止一届,教师比家长更清楚绝大部分孩子不会成为严格意义上的读书人,即以学术研究为谋生手段的人；在高等教育日益普及的将来，也仍然有一部分学生因家境和学习能力的原因，无缘接受高等教育。

然而，社会已经步入信息时代，信息时代的一个重要特征就是人与人的竞争很大程度为学习能力的竞争。我们怎能想象一个连起码的读写算能力都不具备的人，可以在未来社会有保障地过活？

教师努力的目的在于：尽可能让每一个孩子因为今天的学习，在将来能够自食其力、终身学习、终身发展，进而因为具备了阅读的兴趣和能力而拥有充实平静的生活。

先集中识字，还是先阅读

一直以来，这是一个争论不休的问题。看云以为，对于儿童来说，作为手段和准备的一切教学，比如集中识字、汉语拼音，是为了开拓并清理道路，使得之后的阅读平坦而顺畅，这是它的好处。但代价也是昂贵的，那就是牺牲儿童当下的快乐，割裂儿童原有且应有的圆融完整的生命感。

是的，那些在规定时间内过了"识字关""拼音关"的孩子可能从此走上阅读之旅。然而不可否认，也有很多孩子，因为集中识字和汉语拼音的艰难乏味，从此畏惧了书本和学习，不能坚持到胜利的时刻，永远倒在了阅读的门外。我说"可能"，是因为一个识了很多字的人，并不必然就会成为一个热爱阅读、心灵柔软的人。相反，可能他的尚未萌芽的阅读热情，会夭折在枯燥乏味的识字教学中。我总怀疑，那些有着精明的头脑、刚硬的心，活得过于功利的成人，是不是就是这种隔离手段与目的，进而模糊了目的、忘记了目的、"手段教育"的结果。

一、二年级的孩子对于学习和阅读是既向往又畏怯的。单纯或者主要以拼音和识字为目标的，脱离了具体生动的阅读体验和阅读快乐的高度集中、高度强化的学习，如风沙劳损了儿童原本脆弱的意识力，如严冬摧折了儿童尚未萌芽的阅读兴趣。当我们奉着"未来"的名号，用手段遮蔽了此刻的意义的时候，可能会让孩子倒在手段门槛外，一生不能登堂，一生不能享受阅读的富丽堂皇。所以，阅读不应开始于识字，而应当开始于聆听，开始于读图。一切分裂了手段与目的，一切牺牲了此刻的快乐和意义，一切割裂了儿童圆融完整的生命感——总而言之，一切以当下作为未来的过渡和准备的教学都应当慎之又慎。

写作也一样，未必要等到识了很多字，读了很多书，也就是说未必要等到手段具备和准备充分之后才可以进行。有意义的写作，其实就是说话的延续，是更深层次、更高级别的说话。很小的时候，儿童的涂鸦就是写作，是比在教室里，在教师指导下完成的作文更富有生命意义的习作。

识字、阅读、写作在儿童那里不是机械性质的从这一阶段进入下一阶段，而是生物性质的参差而进、协同发展。三个阶段总是同时进行，只是在特定时期，某一项任务可能占主要地位。而"某一项任务"完成的质量，又将直接取决于它和另外两者血肉相连的程度——协同成长的程度。

《木偶奇遇记》给我们什么启示

《木偶奇遇记》，123 岁的老书，感染教育过许多国家、许多时代的人。

匹诺曹有着所有小孩都有的缺点或者天性：贪玩、懒惰、自私、无知。历经了很多磨难之后，匹诺曹逐渐变得勇敢、诚实、好学、负责、尊重父亲、关爱他人，成为一个真正的男孩、真正的人。

这是一个"自然人"逐步社会化的过程。痛苦，然而必需；痛苦的程度正与其丰美的报偿相当,那就是成为一个真正的孩子、真正的人。

什么是真正的人？人是不能离开群体而独活的。人群既是个体维持生存的必需,也是个体获得幸福的泉源。关于幸福,定义太多,然其最无争议的核心应当是：个人因其具备的优秀品质,从而赢得人群的尊重和喜爱。

父母也好,教师也好,怎样做才是对孩子深刻而确实的爱？那就是努力让你的学生、你的孩子变得可爱。逝者如斯夫,不舍昼夜！孩子长大是势不可当的,一天天长大,一步步离开师长的庇护,置身人群的孩子,是否能够被社会欢迎接纳,对孩子来说,是第一重要的。

一个孩子的自然天性在许多方面都是需要修正的。《木偶奇遇记》是一个儿童的成长记录,也是自然状态的人性经历艰难曲折,渐渐趋于完善的过程。这种完善、这种社会化,与保护童心并非矛盾。

天性也好,本能也罢,难道我们竟能认为无礼、无知、懒惰、自私、凶蛮、吵闹……这些令人厌恶的性情,只因为存在于孩子身上,就是必须保护的童真,任其滋蔓着,直至这些孩子成为不可救药、人见人厌的不幸者？

《木偶奇遇记》借一个孩子的形象向我们演绎的,正是一个人由不完美走向完美、由不幸福走向幸福的曲折历程。

勇敢、诚实、好学、负责、尊重父母、关爱他人,《木偶奇遇记》想告诉我们的这些道理,古来就不新鲜,到什么时代也不过时。问题是,越是看似简单的道理,越是需要经历痛苦曲折才能真正懂得。这时的懂得,不是思维层面的“知道”,更不是口头禅,而是内化到灵魂深处并表现在言行举止的素质或者秉性。

对比《小姐姐克拉拉》《随风而来的玛丽阿姨》《长袜子皮皮》等当代优秀儿童文学作品,出版于1883年的《木偶奇遇记》无论是主题还是文笔,都是传统的、老套的。然而教师觉得：正是这种经历了时代考验的传统和老套，赋予了作品以不可替代的作用和魅力。与同为意大利人所著的《爱的教育》一样，这本书给予孩子的，乃是"最好的东西"。

相比于开发思维、解放个性，正根固本是最重要的。

根是否正、是否深，这是比花朵是否好看、枝叶是否茂盛更重要的事情。

怎样看待"喜欢读，但读了没用"

这句话所表达的真实含义乃是：读的作用，没有父母希望的那样大，没有让孩子的语文分数、作文水平立刻提高，即远没有吃激素那样的立竿见影。而用处远不够大、见效不够快的一个重要原因，乃是我们希望阅读"有用"的心太过迫切。一个天天给孩子量身高的父亲，不仅会觉得孩子长得慢，没怎么长，还会真的让孩子长得慢。儿童是敏感的，他们尤其敏感于来自父母的因他们而起的压力和焦虑，而人是不可能在充满压力和焦虑的心理状态下，对知识进行有效的学习和吸收，对生活进行从容的感知和把握，从而使对象融入自己，使自己进入对象的。这就像患上失眠症的人，越想早早入睡就越睡不着。

对于写作而言，人与人之间存在着天赋的差异。如果孩子不具备写作天赋，如果我们期待这样的孩子也能长成一棵树，就必须为他提供格外肥沃的土壤，格外充足的阳光和水分，同时还要格外小心，不能让他染上"阅读为了写作"的焦虑。一旦孩子存了这种焦虑，阅读便失去了自在自然的快乐，吸收失去了自在自然的顺畅。眼睛盯住功利的人，反而得不到最大的功利。

阅读是为了提高语文成绩和作文水平吗

不。阅读的能力首先是幸福能力和自我教育的能力。阅读的意义首先在于享受阅读的幸福和拥有自我教育的能力。在这样一个还不算绝对清新、安全、美好、可爱的人世间，如果孩子已经从大量的高品位的阅读中获得了这两种高贵的能力，你还希求什么？如果有了这两样最好的禀赋，其他种种，包括语文成绩、写作水平、见识眼界、胸襟情怀等，都会随之而来，都会达到孩子天赋允许达到的最高境界。你还急什么？

因为自己是深爱阅读，并因阅读而获得诸多幸福的，所以特别希望孩子也能因阅读而多出一条幸福的流泉，一片葱翠的绿地。我知道，世界上绝大多数热爱阅读的人，并非同时热爱写作；我相信，世界上所有好书之所以能够产生，之所以值得存在，其价值，主要来自"绝大多数"的纯粹读者。最好把那些好书比作人类璀璨的精神之花，是无数纯粹读者的纯粹阅读，呵护、滋养、催生了这些花朵。

先有泥土，后有花朵。对于人类整体的、永恒的精神之树而言，做树上的一片叶子、一朵花，还是做树下的一抔泥土、一眼泉，其价值是一样高贵的。另外，阅读的能力，独自面对一本好书陶然沉醉的能力，其实是一种幸福的能力，也是一种自我净化、自我教育的能力。这便是纯粹的阅读理所当然得到的纯粹而甜蜜的回报。

为什么说快乐比提高读写能力更重要

条件允许，我们会带孩子听音乐、看电影、参观画展、游览山水、看体育比赛……当我们这样做的时候，从来不会担忧这会使得孩子远离阅读、不爱学习。那时候，我们最好把工作和功课放到一边。有趣的是，那时候你玩得越忘我，之后的学习和工作效率就越高。进修是充电，充分的休闲也是一种恢复和充电。

"如今的孩子，都被功课压得身心俱疲，太需要功课之外的娱乐和放松了。"这个道理人人都知道。其实，休闲的目的绝不仅仅是为了更好地工作。健康有益的休闲，是完整人生的另一半。休闲和工作一样，赋予我们生而为人的幸福感、尊严感、神圣感。

语文教师往往会赋予休闲更多的附加值："丰富知识，开阔眼界，就是为写作提供新鲜的素材和灵感。"这样的说法没错，可是，这样的动机，境界未免太低。

我以为对于儿童甚至对于一切人来说，是否快乐的重要性胜过是否拥有读写能力。事实上，是快乐的人，而非不快乐的人，更容易学有所成。因为随着快乐而进入潜意识或无意识层面的体验和感知，才是深入骨髓的东西。

怎样看待读书课上的讨论

看了我的读书课，很多老师觉得读书课很难上，因为他们不能带领孩子走到那样的深度和高度。这真是看云的罪过。所以在一切可能的场合，我一再告诉朋友：教师当然可以与学生分享自己的阅读体会，然而，第一重要的是读起来。读起来，这便是十分功德修成八分，余下的二分，是学生因教师的牵引加上自己的慧根，成为终生读书人。讨论不讨论，讨论到哪一步，实在不重要。

是的，对于很多持观望态度的教师和家长来说，看云的讨论及其他同道的班级读书记录可以帮助他们接受童书，使他们明白，童书并非他们以为的那样微不足道。然而，在过分追求明晰化，过分追求成果展现的过程中，最好的东西被过滤掉、舍弃掉了。那些沉默的、一说便错的体验，已经被过度繁衍的思量和表达淹没、窒息，以至于人们以为它们不存在，不该存在。幸好我没有强迫学生写读书笔记，幸好我们没有在孩子每次还书的时候问"你真的看了吗？把大意说给我听听"，幸好我没有用试卷和表格的方式考核孩子的读书状况，否则，我将使热爱阅读的孩子兴味索然，我会让怯生生、鼓起勇气试探着接近阅读的孩子吓得缩回去。

从小学到师范，从连环画到小说到诗歌，在我个人，这是一段完全没有指导、完全没有督促也完全没有限制的散散漫漫的海读。对我而言，海读之于写作的关系，正如沃土之于饱满的种子。而沃土对于种子的作用，恰就因了这种无人告知、浑然不知而得到了最自然、最充分的发挥。

没有督促，没有指导，没有考核。浑浑然、陶陶然，我对书面语言的学习，是约翰·霍尔特所推崇的学龄前儿童所特有的那种"像呼吸一样自然"的学习。

为什么要做自觉的儿童阅读推广人

每一个优秀的语文教师，都应当是自觉的儿童阅读推广人。他应当知道适合学生的好书是什么，好书在哪里，把好书送到孩子跟前，和孩子一起读。更能说明语文教师具有人文情怀和教育良知的，不是你对学生的分数了如指掌，而是你清楚地知道每一个孩子喜欢读什么，能够读什么，正在读什么，和他们一起，向着更高更远更美的地方去。

一班人一起沉浸于同一美好事物的感觉是什么

教师是爱音乐、爱书籍的，然而独自享受的快乐，无论如何也不能与师生同听一首歌、同看一本书、同诵一首诗的幸福相提并论。因为一班人一起沉浸于同一美好事物的感觉，就像是一群小鱼组成一条海洋里最大的大鱼的感觉。对于儿童来说，这种感觉如果足够充沛，足够有力，如果这种感觉是他日常生活的一部分，那么儿童今天在教室听到、看到、享受到的一切，都将作为饱满的种子，作为优质煤炭埋藏在儿童生命的深处。将来，当机遇来临，种子会生根发芽长叶开花；将来，当他们身处黑暗寒冷的环境，煤炭自会燃起熊熊的火焰——他们将靠自己的光明和热量，驱赶黑暗和寒冷，战胜黑暗和寒冷。

父母和教师第一要做的事情是什么

世界上的竞争是残酷的，未来的道路是曲折的。再怎么不放心，我们也无法陪伴和监护孩子一辈子。在今天，我们唯一能做和应当做到的，就是为他们多播些饱满的种子，多贮些优质的煤炭。这些种子或煤炭的特质，就是健全优秀的人格特质。具体说来就是感受美好事物的能力，与人团结协作的能力，还有睿智、勇气和爱心。这些健全优秀的人格特质都是儿童的人生之路行得稳健的可靠保证。这是比分数更重要的事情，这是不少父母以自己有限的条件和能力在家里较难做到的事情，这也是教师自认为第一要做的事情。

教师为什么要坚持不懈地带着孩子诵读、阅读、听音乐、看图画书

教师之所以要在小学六年里，坚定不移地带着孩子诵读、阅读、听音乐、看图画书，就是考虑到：在中国，等升到中学，绝大多数孩子将没有时间、没有精力进行自由充分的阅读。一个人对阅读的兴趣，

对美好事物的热爱，必须在童年培养，也只有在童年能培养。如果孩子从小获得了对于阅读的热爱，那么将来再怎么沉重的考试压力，也不能阻挡他们对于自我发展的追求，对于开阔世界的向往。只要愿意，他们总能挤出时间阅读。何况，儿时大量的高品位的阅读所奠定的开阔的智力生活背景，必使孩子将来的学习比别人轻松很多。

在今天，即便是小学，教师坚持建立班级书库，坚持建设书香班级是需要勇气的。教师的勇气来自哪里？一是来自教师自己对教育的认识，二是来自学生幸福的表情。那种幸福的表情，对教师也是滋养。从中，教师真切深刻地感受到自己工作的价值，生命的价值。

教师奉献社会最好的方式是什么

没有一个教师是全知全能的。没有一种教学方法是适合班级里每一个孩子的。每一个教师奉献社会最好的方式，就是做好自己擅长的事情，而不是强己所难，在自己不擅长的事情上白白消耗了自己和学生的生命，白白造成了自己和学生的痛苦。作为一个思想活跃、眼界高远但耐心不足的人，我所擅长和热爱的事情就是激活儿童思维、拓展儿童眼界、丰富儿童心灵。所以，教师明智的选择应当是：将宝贵的时间、精力和热情投入在意义更深、作用更广的事情上，投入到家长想做却不能做的事情上。那就是，把世界带进教室，为使孩子成为深海里的小黑鱼、海面上的另一种海鸥而努力。

学生持续的阅读热情从哪里来

1. 教师先做读书人。

手不释卷，乐此不疲。哪怕教师读的是和教学完全没有关系的内容——教师沉醉于阅读的精神状态，教师言谈举止散发的书卷气息，孩子是能够觉察、能够嗅到，渴望觉察、渴望嗅到——理应察觉、理应嗅到的。刘月辰写道："我们薛老师最爱书。薛老师简直就是为书而生的。她一辈子做的事情就是读书、教书、编书、写书——罚我们抄书！"书香班级没有放之四海而皆准的普遍模式，一切都需因地制宜。当教师发自内心热爱书籍的时候，适合班级的劝读、促读、诱读措施自然也就有了。要学会偷闲。

2. 班级一定要成为储量丰富的书库。

募捐购置也好，学生捐书也好，设法将学校图书室的书分到班级也好。每日在孩子中间流转着的好书，是班级精神成长的清洁充沛的水源，也是学生家庭购书的有力指导。流水不腐，即便是那不爱读书的——我承认，我没有本事让所有孩子都热爱阅读——身在这样清流潺涓、书香蕴藉的班级——他们将不易变得凶蛮、油滑、可憎。他们只是比较调皮而已。

3. "读书课"固定到课程表，让读书成为家常便饭。

阅读是个人行为。真正的阅读主要是在家中进行的。要想让（校外的、自主的）阅读成为班级普遍风气，必须将读书的种苗播种、耕耘在课堂。如此根深蒂固，才能枝繁叶茂。所以，一定要把"读书课"固定到课程表内，让读书成为学生学校生活的一部分，让读书成为像呼吸一样自然而有节律的事情。读书节、阅读日之类绚丽的活动，自然能给孩子留下难忘的回忆，就像农村孩子对于难得一次的西餐定然终生难忘，然而使得这孩子长得结实健壮的，必定是、只能是家常便饭。

4. 倡导亲子共读。

能调动一个是一个，以期教师在教室付出的努力，获得学生家庭的呼应和支持。

肆

为什么要
日有所诵

，
。
？

一年级如何培养学生的朗读能力

阅读的本质不是看，而是倾听。语文教学中要坚守朗读品味，坚持对于语感不懈的追求。

儿童离开无拘无束的游戏天地来到学校，要想让他们热爱语文，该怎样做呢？最好的方法，是向儿童揭示语文的美丽——听见封存在文字里的好听的声音。

爱美是人的天性，成人那里已经花果飘零的韵律感在刚入学的孩子那里几乎完好无损。一旦让文字成为儿童耳中听得、儿童口中发出的好听声音，语文魅力便油然而生了。

一年级是带领学生找到文字的韵律之美，培养语感的关键期，不容错过。在一年级，除了认字、写字，时间和精力几乎都用在朗读训练上了。事实证明，这样做是对的。因为我抓住了最迫在眉睫和不容耽搁的事情。

带着孩子跟着音乐读。如果时间允许，让孩子自己选取适合的音乐，也是很有意思的事情。在我的教学日记里，有很多关于音乐的记录。

怎样评价一个学生的语文水平？我有一个简单的方法：听一听一个孩子不经练习地朗读一篇陌生的文章，看他是否有语感，大致就可以知道他的语文能力了。

关于朗读还要注意的细节：

第一，听录音，画出重音和停顿符号，要求整齐又有语感。

第二，最后一遍，连着标点符号读出来。

第三，单独发言要求声音响亮，站姿端正。我希望从我的教室里走出去的孩子，既温文尔雅，又磊磊落落、堂堂正正。教书，就是教做人。

气质的培养，品行的熏陶，就在这分数不能衡量的点滴中。

第四，齐读的时候，则要他们声音低，柔和。否则，对师生的智力都是摧残。噪音中，大家一起越来越笨。

第五，学生表现突出的时候，教师可以专门为这个孩子朗读小故事，全班为这个孩子鼓掌表示敬意和感谢。

为什么一、二年级不适合读《去年的树》

一、二年级孩子感情丰富但思辨能力弱。读《去年的树》会给他们带来沉重的悲伤，那些善感的孩子更可能沉湎于悲伤而无力跟随教师体会文本其实并非全然悲伤的寓意。

新美南吉的另一名作《小狐狸买手套》则比较适合这个年龄段的孩子。因为虽然经受了担忧和害怕，最终孩子知道村子里还是有好人的，他们对于安全感的需要虽经曲折但最终得到了满足。

在小孩子的心中，他们自己就是小动物，小动物的危险就是他们的危险，小动物的安全就是他们的安全——小动物的幸与不幸就是他们的幸与不幸。温馨的故事，可以告诉他们：这个世界是安全和可以居住的。在此前提之下，我们才可能期待孩子对世界抱有热爱的心。

面对人类、面对成人的世界，小动物、小孩子是弱小无助和单方面需要关爱呵护的。当世界在他们眼里、在他们心中充满凶险、黑暗与欺诈，我们怎能期待如此被动、柔弱和遭蹂躏的生命，竟然可以从惊惧不安中，对于冰冷暴虐的世界生出爱来？

至于我们期待儿童将来能有的，可以直面丑陋黑暗的勇气，以及为美好而战的力量，只能源于对世界的信心。而这信心，只能来自童年，懵懵懂懂的童年。

出于一样的道理，同意《爱阅读的孩子更成功》的作者的意见，伊索寓言并非适合儿童。因为伊索寓言的世界是一个充满欺诈凶险的世界、弱肉强食的世界，它所表达的，仍是一个奴隶的世界观：警惕、戒备、恐惧、不安。

附：

去年的树

一只鸟儿和一棵树是好朋友。鸟儿坐在树枝上，天天给树唱歌。树呢，也天天站着听鸟儿歌唱。

日子一天天过去，寒冷的冬天就要来了。鸟儿要离开树，飞到南方去。

树对鸟儿说："再见了，小鸟！明年你再回来，还唱歌给我听。"

鸟儿说："好。我明年一定回来，给你唱歌。请等着我吧！"鸟儿说完，就向南方飞去。

春天来了，原野上、森林里的雪都融化了。鸟儿又回来找她的好朋友了。

可是，树不见了，只剩下树根留在那里。

"站在这儿的那棵树，到什么地方去了呢？"鸟儿问树根。

树根回答："伐木人用斧子把它砍倒，拉到山谷里去了。"

鸟儿向山谷里飞去。

山谷里有座很大的工厂，锯木头的声音"沙——沙——"地响着。鸟儿落在工厂的大门上。她问大门："门先生，我的好朋友——树在哪儿，您知道吗？"

门回答说："他被机器切成细条儿，做成火柴，运到村子里卖掉了。"

鸟儿向村子里飞去。在一盏煤油灯旁，坐着个小女孩。

鸟儿问女孩："小姑娘，请告诉我，你知道火柴在哪儿吗？"

小女孩回答说："火柴已经用完了，火柴点燃的火，还在灯里亮着。"

鸟儿睁大眼睛，盯着灯火看了一会儿。接着，她就唱起去年唱过的歌给灯火听。唱完歌儿，鸟儿又对着灯火看了一会儿，飞走了。

一周两次读书课够不够

每周一节朗读课，朗读并讨论，朗读内容为图画书、经典美文或其他，是为"每周的学习从朗读开始"。每周一节诵读课，将五篇诗文读熟，回家逐日背诵，下周诵读课上检查，是为"日有所诵"。

"课程表上固定的读书时间就这么两次，够吗？"有人问。

"够？多少才算够呢？如果只靠老师，天天读也不够啊。教师带着朗读、诵读，目的在于引导孩子自己捧着书读起来、诵起来。当然，对于很多孩子来说，单靠教师引导是不够的。他们是否能走上阅读的路，上路是早是迟，还要看各人根器的利钝，还要看各人父母重视的程度和付出的力度。说白了，是要看身为父母的，是否愿意、是否能够做到一对一地伴随和培养。"

相比于讲述，朗读的优点是什么

同事小安建立秩序，方法和我不同。当学生要乱的时候，她就读故事；而我呢，只愿意在他们表现好的时候，讲故事给他们听。

因为念故事，小安的班级秩序正在卓有成效地建立之中。凭感觉，她的一年级孩子的"听读"，安静胜过我们二年级孩子的"听讲"。

为什么会这样呢？原因大约就在于我是在讲，而她是读吧。

读和讲还是不同的。讲的过程，多多少少，还是要在组织语言和回忆情节上分神，所以不能把全部心思放在声音及与儿童情绪的交流上，安详和享受的程度也就多少有些差距。

所以，元旦之前，我试着放弃显示自己演绎的才能，老老实实读了"晚安故事"里的《被遗弃的小象》和《从没见过雪的客人》，自己舒服、从容了很多，孩子的状态似乎也和从前有所不同。

更安详、更享受的听读——其间受到的浸染，也许更舒适，也更深刻。

尤其是经典文本，作者字斟句酌、精心锤炼的文字——原汁原味的魅力，哪里是我凭记忆的转述可以比拟？

读，大脑没有了负担，只有声音随心——随文字而动，教师的轻松和惬意，自然可以把儿童带至更为享受的境地。

为什么教室里的朗读效果更好

一本书，教师读过之后，全班孩子会格外喜欢和向往。同样一本书，隔壁班级的孩子家长买回来让孩子自己看，孩子就不那么喜欢。即便家长读给他听，效果也不能和教师朗读的效果相提并论。

这是因为，在家里自己看，就像是一个人在客厅里看电视；在教室里和同学们一起听呢，就像在一个条件很好的电影院里看电影。那种具有特殊感染作用的场力是家里的客厅无法营造的。

所以，孩子能在教师热爱朗读的班级里读书，真是享福；所以，教师能在教室里读好书给孩子听，真是积德行善之举。

朗读能力为什么是重要的

我十分认同苏霍姆林斯基的观点：考查学生学习能力、阅读理解能力的最为简单和可靠的方法不是考试，而是给他一份陌生然而适宜的阅读材料，要他们直接朗读。那些能够读得流利通顺并且富有语感的，必定就是具备很强的阅读理解能力的。

为什么会这样呢？有两方面的原因：

首先在优秀文本那里。一篇好的文字，其实就是一个完整鲜活的生命体，一个相貌圆满的人，一首调性统一的歌。系统性、完整性是生命体最重要的特性，在好的文本那里，部分与部分之间、部分与整体之间是一脉相通的。

再说那些灵秀的孩子。之所以在发声的第一句就能做到流利通顺、富有语感，是因为他们具有开阔的思维视野、灵敏的感悟能力及对于包括其自身在内的世界的完整性、统一性的良好体验和把握。这就像我们在观赏一处名胜的同时，眼睛的余光能够自然且毫不费力地看见周遭风光和四围背景。而真正的名胜，绝不会是孤单单的一点一处，真正有内涵、有生机的名胜，一定是和周遭风光、四围背景合而为一的。譬如白云徜徉在青天，睡莲浮于碧水。将"它"与周遭风光、四围背景割裂，就好比将佛经、佛像从敦煌搬到大英博物馆。"这是我的手臂"，一位科学家灵活地、不无自豪地挥动着他那强壮的上肢，"一旦它离开了我的身体，你还能再说它是我的手臂吗？"

是什么使孩子具有了开阔的思维视野和灵敏的感悟能力？是阅读，是大量的、高品位的阅读使孩子具有了开阔的思维视野和灵敏的感悟能力，使孩子体验并把握了符号世界（也即现实世界）的完整性、统一性。于是这孩子在读"这一句"的同时，并不需要动脑，存在于大脑里的思维的目光，就已经自然而然地"看见"下一句，把握住文章整体情感基调。所以，给他们一份陌生然而适宜的阅读材料，从第一句开始，第一遍他们就能读得流利通顺并且富有语感。

需要特别指出的是：可以用来考查孩子的阅读材料，一定要是好的文字，是清新健康、鲜活完整的生命体。如果情况相反，如果我们给孩子的是一堆令人掩目不及、掩鼻不及的文字垃圾，一个病态的、丑陋的邋遢鬼，一具没有生命气息的拼凑物，那么，越是灵秀聪慧的孩子，他们的厌恶就越强烈。这种源于高贵内修的厌恶，必定使朗读变得痛苦不堪。一位作家曾说：面对这样的东西，多么希望自己是文盲。显然，这位作家对语言是高度敏感的。

对语言高度敏感是一切学科教师的第一职业素养。语文教师尤其如此。可以把教师对于朗读重视的程度和对于文本的鉴别能力看作衡量语文教师是否优秀的标准。开始的时候，这简直是一场战争，如果你吝惜时间和精力，长久的将来，你就只好面对一个没有语感的班级。在这样的教室里，文本无力站起，课堂也将无力站起，更不要说师生牵手，跳起以美好事物为中心的圆圈舞。

为什么说机械意义的一视同仁是不可取的

语文教师希望学生能热爱朗诵，大家做了各种努力。最常见的就是按照座位排定的自然顺序轮流朗读。课前五分钟，学生或自备材料或接力朗读教师指定的课本。在那种情况下，路过走过，我就没有听到过一次像样的朗读。上面的一个磕磕巴巴，下面的一群叽叽喳喳。

当然，这和教师大多不在现场很有关系。为什么不在现场呢？大约教师自己也不能忍受"困难学生"所带来的由耳及心的折磨吧。教师自己不能忍受的折磨，为什么要让学生忍受并习惯呢？忍受并习惯的代价是孩子内在、外在的听觉都变得麻木，继而丧失对于语言的敏感性。

既非选拔，又非自愿，更无亲切鲜活的榜样的召唤和引领，如此天天读、人人练，"难以卒听"是必然出现且必然蔓延的。如果是我，听见让人痛苦的朗读，也会捂住耳朵或者发出另一种声音以抵消、减轻我所遭遇的痛苦。对应于磕磕巴巴的叽叽喳喳，恰是为了保护语言的敏感性，为了呵护内在的向美之心，作为孩子——他们所能做出的消极而无奈的努力。这是孩子们自己没有意识到的。

久而久之，原本有着良好天赋的孩子，会渐渐失去对于朗诵的热情；而那些原本语感较差的，则一生错过了接近朗诵、喜悦朗诵的机遇。因为在教室里，在自己"身处其间"的生活的洪流中，他没有得到应有的熏染、浸润和淘洗。一只木桶最终能装多少水，决定于最短的板子。没有品质保证的轮流锻炼的结果，只能让班级整体语言素养和阅读兴趣朝着木板最短的方向去。

什么才是值得追求的"一个接一个"

使学生朗读水平得以提高的，不是台上次数有限的锻炼，而是台下充分漫长的努力，是有了动机和欲望之后，独自进行的修习和磨炼。在教室里，在朗诵课上，有动机、有欲望的那些孩子，他们格外专注的倾听和吸收，其实就是一种独自进行的修习和磨炼。最要紧的变化和生长都是在静默中悄悄发生的。

让学生亲近朗诵，从而用声音亲近美好文字、美好境界的最好方法，不是一视同仁地给予频繁的锻炼机会，而是坚守品质标准，接触美好事物。让孩子看见，让孩子听见——让孩子只看见、只听见美好文字的美好。这就需要选拔，这就需要安排——这就有了先后优劣的区别和搭配。"一视同仁"是不可能的，也是不应该的。完全一视同仁的结果，必是整体水平朝着最低方向去。

选拔、安排、区别、搭配——效果亮起来，掌声响起来。看见同伴的表演，听见热烈的掌声，看见掌声中的同伴显得前所未有的光亮和美丽。而这前所未有的光亮和美丽，是美好的文字赋予的，也是同伴努力获得的。同伴风光，势必激发孩子"我也如此"的欲望，于是暗暗心动，悄悄行动。这就是"一个接一个"，这更是一个带一个。

也会有一些孩子最终也不参加——不参加就不参加呗。"夫物或行或随，或嘘或吹，或强或羸，或载或隳。"世上没有一件事情是所有人都必须参加的。一部分人不参加，那才自然，才合乎道啊。即便这样，对比被迫制造令人痛苦的声音，对比被迫糟践美好文字，毫无压力地享受美好事物，哪一样更容易让那孩子亲近朗诵，亲近美好事物？

如果你想了解弱孩子的朗读情况，可以课下抽查。决不要拿课堂教学时间和学生、和自己过不去。不要让教室成为赛马场，成为弱者丢脸蒙羞、教师沮丧恼怒的地方。记住，当你和学生赌气，当你成功地揪住了学生，伤害的永远不是那个弱孩子，而是全班，是对于全班弥足珍贵的课堂教学时间，更有教师的形象。如果你决意要让课堂充满气急败坏，就永远有理由气急败坏。

朗读比赛为什么选择《三国演义》片段

一是因为教学时间极其有限，二是因为人数过多，语文课堂上，孩子很少能够得到单人朗读的机会。天长日久，即便单人朗读，他们也是张口齐读的腔调：机械、拖沓、麻木不仁，还带着煞有介事的夸张与造作。当齐读成为主要甚至唯一的朗读形式，个人与文本交流的渠道便遭阻滞，"说话一样自然动人的朗读"便沦为不可能。天长日久，朗读成了一项无关心灵的用声音交给教师的作业。经过长期艰苦卓绝的磨合与修炼，当全班语速语调终于整齐划一如同军人步伐的时候，童心该有的鲜活、柔软、灵敏和差异也渐渐消磨了。就这样年复一年，我们期待的，经由朗读从而使童心得到的洗礼与浸染，便因了我们的"努力"成为空想与奢望。

朗读、阅读汇报、日记展示等都是个人表现。周复一周，长此以往，既是为了激发阅读兴趣，也是为了弥补迫不得已的齐读带来的损失。

在小学，或许到大学都是这样吧：男生的作文和口语大多弱于女生。所以顺着教材内容，选择阳刚雄强的文字做这种火爆热烈的打擂游戏，也是因材施教。

人人争先，同时又完全没有压力，完全自觉自愿。这种感觉，也是日常教学中所稀缺的，是儿童学习所必需的。

附：

桃园结义（节选）

次日，于桃园中，备下乌牛白马祭礼等项，三人焚香再拜而说誓曰："念刘备、关羽、张飞，虽然异姓，既结为兄弟，则同心协力，救困扶危；上报国家，下安黎庶。不求同年同月同日生，只愿同年同月同日死。皇天后土，实鉴此心，背义忘恩，天人共戮！"誓毕，拜玄德为兄，关羽次之，张飞为弟。祭罢天地，复宰牛设酒，聚乡中勇士，得三百余人，就桃园中痛饮一醉。

火烧赤壁（节选）

曹操回观岸上营寨，几处烟火。黄盖跳在小船上，背后数人驾舟，冒烟突火，来寻曹操。操见势急，方欲跳上岸，忽张辽驾一小脚船，扶操下得船时，那只大船，已自着了。

张辽与十数人保护曹操，飞奔岸口。黄盖望见穿绛红袍者下船，料是曹操，乃催船速进，手提利刃，高声大叫："曹贼休走！黄盖在此！"操叫苦连声。

为什么说"此在的快乐"是第一重要的

朗读的意义在哪里？是的，朗读能够培养孩子的语感，朗读能够让孩子爱上阅读，朗读能够让班级融为一个书香蕴藉的整体，朗读能够让世界由心而境一点点变得清明。然而教师越来越觉得，以上种种，都不过是一样东西的副产品——此时此刻，什么意义都不去计较和思考的纯粹的忘我的快乐。

"现在我念一些童谣，每首三遍。在座的各位，不出三遍都能当场背诵。我知道，孩子肯定会发声，肯定会跟上来的。爸爸妈妈呢？有人会跟，有人不好意思，有人则不屑一顾。我想告诉那些不屑一顾的傲慢的成人：你们其实很可怜。面对童趣，面对童谣带来的简单纯净的快乐，面对童谣所包蕴着的生机和活力，因为心中横着一个坚硬冰冷的'我'，你们拒绝参与，拒绝柔软，拒绝融化，拒绝失去石头的冥顽和僵固。这正证明了《朗读手册》所言不虚：'成人是铸铁，儿童是蜡烛。'"几乎每场"日有所诵"讲座，我都要说这段话。

没有此在的忘我快乐，一切教学举措都将成为依靠压力才能维持的强制行为。形式的维持尚且可危，更遑论其内在的效果。然而，只要有了此在的忘我的快乐，一切后来的意义，都将随之而来。譬如春天到了，种子落到沃土里，时雨来哉，好风至矣——对于那些木本的、饱满的种子来说，枝之壮，叶之肥，花之美，果之硕，都是自然而然的事情；至于草本之类，朗读带来的一地青青、满目灿烂，也是他们能有和该有的至为珍贵的幸福。

朗读的意义，就在朗读本身，就在此在，就在流淌于朗读时光的纯净忘我的快乐。教育的最终目的，是生长，更是幸福和快乐。

我们的目光和心灵，已被指归于将来的意义塞得太实太久了。于是目光成为尺子，心灵成为容器。当学生被丈量和灌输的时候，教师又何尝不活成了被丈量的用具、被填充的器皿？

能够还目光和心灵以浩渺无垠的是什么？快乐，唯有快乐。

此在的、纯净的、忘我的快乐能够消弭人我、教学、有用无用的界限。到那时，恢复了浩渺无垠、灵动温暖的，是教育，也是生命。

此在的快乐是第一重要的。

我们身陷其中的不完美的教育，不完美的生活，就仿佛是漫长无边的严寒，且用朗读，为自己织一方厚实温暖的素锦。

来也好，不来也好——其他所有，都是锦上之花。

"白色朗读"意义何在

> 白骨精在半空中，暗暗称赞悟空的本事，心想，我那么变化了去，他还是认得我！看他们走得快，再下去四十里，就不归我管了。吃不着唐僧肉，不晓得哪年哪月才能修得个长生不老。若被别的山头的妖魔捞了去，还要笑话我无能。罢了，我再下去试一试。

"呵呵……"一片会心享受的笑。

因为练过，更因为古白话特有的节奏和韵律，朗读声忽而舒、忽而缓、忽而喜、忽而嗔。读着读着，教师忘乎所以，全身心地沉浸其中。仿佛教室里有两个我，一个陶醉于另一个的读。

> 悟空止不住伤情凄惨，说："你那时节初出长安，有

刘伯钦送你上路。到两界山，救我出来，拜你为师。我曾穿山洞，入深林，擒妖捉怪，收八戒，得沙僧，吃尽千辛万苦。如今你是非不分，人妖颠倒，只教我回去，这才真是鸟尽弓藏，兔死狗烹！罢，罢，罢！只是多了这紧箍咒。"

读完了，过了好一会儿，孩子们才想起鼓掌——有几个在那里做哭泣状。或早或迟——有谁知道，会不会有学生因为这样的朗读而去读原著呢？

《三打白骨精》的故事他们听过读过很多遍了，动画片、电视剧也看过很多遍了，然而教师朗读依然让他们兴奋。为什么呢？

孩子们悟得好啊：听老师朗读，不仅是听故事，也是在学朗读。而学习，尤其是经典篇目的学习，是需要重复的。没有时间让他们重复地读，就让他们重复地听嘛。

和用心倾听同时发生的，是听者所不自知的"内模仿"——天长日久了，就叫熏陶。

对人发生深刻影响的阅读，从第二遍开始。因为读者只有摆脱了对情节的牵挂，才可以静心体味文字深处的东西。用玛格丽特·杜拉斯的话说，这叫"白色的阅读"。

能够引导孩子于不知不觉中回味潜藏在文字内部的美好声音的深刻学习，也应当从第二遍的朗读和倾听开始。在第二遍，孩子的注意力将不再被故事所牵引，随着朗读，他们亲切地忆起和重温的，是情节，更是文字和声音。这叫白色的朗读、白色的倾听。

开始的时候，肯定有孩子觉得不耐烦。唯其如此，更要白色的朗读，白色的倾听。比多听几个新故事更重要的，是在这白色的朗读和倾听中慢慢的、有时是艰苦的——炼心。

孩子不喜欢朗读怎么办

孩子如果真的不愿意，也没有什么，不必强迫孩子。很多不爱朗诵的人，也一样生活得充实、快乐、有趣。我们希望他们喜欢朗读，是希望他们多一些幸福和快乐，而不是为了朗读，损伤了原有的阅读兴趣。所以在我的班级，朗诵从来是自愿报名的。

"可是不试过又怎么知道孩子是不是喜欢？而且第一天、第二天不喜欢，谁又能肯定第三天孩子不会喜欢上阅读呢？既要留心观察孩子的反应，又要坚持那么一段时间。现在的事实是，好多孩子根本就不知道世界上除了看电视以外还有这样一个更为有趣的乐趣。"

这是一位母亲的回答。这让我感慨万端。希望孩子热爱朗读的目的不是追求分数，而是帮孩子多开一扇幸福的门。这才是真正的母爱。这才是教育的实质所在。

罗素说："教育的目的，在于使人拥有幸福的人生。"

诵读为什么是重要的

人是用耳朵学习语言，而不是用眼睛。那些入神地阅读的人其实是在入神地倾听；那些奋笔疾书的人，其实是在口若悬河。最好的文字不是诉诸眼睛和头脑的，而是诉诸耳朵与心灵的。

《阳关三叠》富含唇齿音的诗句，传达出的离别时刻，人心的淡淡忧伤和雨后的青青柳色交融在一起，构成的意境是一切理性的赏析也不能穷尽其妙的。怎么办？你且读，你且读，一千年了，这么新鲜动人，再过一千年，还是这样新鲜动人。酷暑最宜读《三峡》，真正令人爽然自失。

自三峡七百里中，两岸连山，略无阙处；重岩叠嶂，隐天蔽日。自非亭午夜分，不见曦月。 至于夏水襄陵，沿溯阻绝。或王命急宣，有时朝发白帝，暮到江陵，其间千二百里，虽乘奔御风，不以疾也。春冬之时，则素湍绿潭，回清倒影。绝巘多生怪柏，悬泉瀑布，飞漱其间。清荣峻茂，良多趣味。每至晴初霜旦，林寒涧肃，常有高猿长啸，属引凄异。空谷传响，哀转久绝。故渔者歌曰："巴东三峡巫峡长，猿鸣三声泪沾裳！"

随着音的波动而沉醉的时刻，是学习母语的最佳境界。诵读，也是借助于母语的脐带，从宇宙汲取生命能量的最好途径。说话的声音是一种波，心灵的感应也是一种波。宇宙间一切物质的终极构成要素就是叫作素子及素子发出的波动。"灵魂"一词如果排斥在物理词汇之外，便不完善。所以说波动是宇宙的本源，精神是人的本质。所有那些千秋百代、超越遥远时空，不明原因地令我身心振动的文章，它们之所以能够振动我，之所以能够叩击我，根源在于文字，在于文字里的声音。那声音的节奏，是可以和我的呼吸、我的心跳发生共振共鸣的；那声音的波动，是可以和江流海潮、日升月落演绎美妙的协奏曲的。

蒙台梭利认为"理智的沉静"是幼儿教师必备的优秀品质。理智的沉静是指一种没有杂念的、更好的和畅通无阻的状态，它是内心清澈与思考自由的泉源。拥有这种沉静的教师，首先是具备了心灵的谦虚和理智的纯洁，它是理解儿童所不可或缺的条件。

阅读（默读）、朗读、诵读（反复朗读或背诵），是儿童深入母语学习的最朴素、最可靠的途径。

书读百遍，其义自见。"自见"意味着感悟的回路形成，这是告诉和启发不能代替的。有时候，宁可慢一点，也不要剥夺了孩子体验的快乐。工作的价值，在于形成具有丰富精神的个人。学习的目的不是为了获取知识，而是经历一种精神成长的体验。

如果教师自己是有过诵读体验的，如果教师自己深得母语学习的三昧，他就一定是一个吝于解说的沉静的人。他一定是一个把全部热情投入激发儿童阅读、朗读、诵读兴趣的好的牧羊人。

不要数羊，反对抽象化，只一心一意想着如何将自己对阅读、朗读、诵读的热爱传达传染给学生。让孩子且听且醉，陶醉中使劳累的意志渐渐松弛，平常遭到压抑的无意识、潜意识的右脑开始运转起来。人在非思虑状态获得的东西，将融入骨血。

为什么要开诵读课

诵读是深入阅读。在记忆、感悟和理解遇到困难的地方，诵读比默读更能增强我们的能力，因而也更费神耗力。

古往今来，全世界所有民族的母语教学对于诵读的重视都是不言而喻、不约而同的。在我所知道的每一个具有卓越的语言接受和表达能力的人那里，诵读都是必修的基本功、童子功。在当下，相比于儿童发展的需要，限于课本的诵读无论是文本质量还是篇幅数量都是远远不够的。在当下，关于语文教学的主张流派纷呈，乱人耳目。当此际，不告诉同行及家长童年诵读的关键性、重要性是不负责任的。

那些天生热爱诵读的人是幸运的阿格里丹鸡。教师要做的，就是让普通孩子也去"啄食优等鸡自发挑选出来的食物"，为他们提供优质文本，软硬兼施地让他们诵读起来。

相比于让孩子喜欢阅读（默读），让他们爱上诵读似乎更加困难。在书香气息普遍稀缺的当下，普通的中国父母很难让孩子在家里自主自愿地"读出声"。于是诵读就成为教室里必须做的事情，教室就成为唯一可能培植诵读种子的地方。

为什么要日有所诵

"你的班上，难道就没有特别不聪明、特别不爱干的孩子吗？"在定海，玫瑰（窦桂梅）问。

"没有！或者说，作为教师，我不能说有。但是，我可以告诉你，有一批孩子，只半个学期下来，就发生了近似于脱胎换骨的变化。那是从外在的言行举止到内在的气质神态的悄然更新。有一个与从前全然不同的自我正在他们的身体里苏醒——我主要指的是那些借读生。我以为，诵读是主要的原因。"

最令人惊讶的是，连续性的活动这种方式几乎能像魔杖一样叩开儿童天赋正常发展之门。

就在今天上午，刚刚读到的蒙台梭利的这句话，让我激动到了不能自已。因为这样一个在"连续活动"中悄然发生的庄严而伟大的过程，我正看见，我正亲历，我正一手导演。

日有所诵，就是日不间断啊。当一位同行告诉我学校开展的古诗文诵读活动把她累得死去活来的时候，我忍不住问："你们的孩子是否每天都在背？如果不是，这样劳民伤财的表演，有什么意义？"

真正快乐的学习，真正幸福的成长，恰是沉静的。正如春雨中贪婪地吮吸着，枝叶往高处伸，根系往深处扎的草树。

而且我相信，当我们的孩子从我们的"日有所诵"中获得了属己的、内在的快乐，很可能他们会对那样热闹壮观的表演不感兴趣。如果有那样的情况出现，作为教师的我，该是多么自豪。因为蒙台梭利说过：

当儿童的心理生活升华的时候，他们自愿地拒绝这些
无用的、外在的乐趣。

那种珍视内在的、沉静的幸福，轻视奖励与展示的品质，大约就是我们所期待的定力、尊严和贵族气吧。

与日有所诵相辅相成的，是存在于课堂教学的另一种平和而润泽的连续性。那就是：在看似重复的教学活动中，每天有一点点不易察觉的变化和提升。是这样严谨然而活泼的连续性学习，用教材筑成一道周边长满花草的慢坡，把孩子的阅读、理解、鉴赏能力，一点一点，稳扎稳打地往高处带。

我的诵读观和七田真有什么不同

日本的七田真无限信仰死记硬背的力量。七田真坚信：在儿童时期，对于《论语》《道德经》《孟子》等圣贤经典的死记硬背，能让孩子用自己诵着圣贤之教的声音，活活造就出一颗睿智灵通的大脑、一个前程似锦的神童。从小熟背《庄子》，后来获得诺贝尔物理学奖的汤川秀树，就是七田真津津乐道的典型案例。

对于七田真的主张，看云持保留态度：第一，认同连续性的经典诵读对于儿童具有开启天赋的作用；第二，诵读一定要在不过分为难儿童稚嫩的认知能力的前提下进行；第三，儿童所诵经典，应当包括经典的童谣童诗。

也就是说，看云主张的经典诵读，是既放眼未来也立足今日，是体察绝大多数儿童的接受能力和快乐指数的。毕竟，不是人人都是汤川秀树，不能拿一位智力超人的精神胃口去规定所有儿童的日常饮食。那样会出人命的。

为什么要反复地读、完整地读

《蝉》《秋夜喜遇王处士》《于易水送人》……范读，带读，简单讲解。边听边看"注释"里的词语解释及背景介绍，理解于是不难，朗读于是轻松。

然后是来来回回地读：全班齐读、小组赛读、小组轮读，两句两句地轮读。五六遍后，不少人隐约能背，便不耐烦读了。也有那等爱显摆的家伙，为了显摆，只三四遍就合了书，仰着头，大张旗鼓地试背——瞪眼鼓腮，费劲吃力。

教师正色制止："不许这样一句一句地硬记。这样急着抢背，记得快，忘得更快。要老老实实地、完完整整地、一心一意地念，把整首诗念得透熟了，自然而然你就会背了。即便不会，回家稍微用心也会背了。这样背得才牢靠、才入心。还有哇，我知道，有些同学学前就背了不少唐诗，可现在，会背你也要读，要背下周背给我们听。为什么？背诵不是最终目的，比背诵更重要的，是学会享受唐诗。享受唐诗美好的意境，享受唐诗好听的声音。同样是发声，背诵需要的是动脑，朗读需要的是虚心。当我们60个人一起朗读的时候，我们就会沉得更深，浸得更透。这种集体的沉浸，只有在班级读书课上才能体验到，所以必须珍惜，不要在这个时候急于抢记。"

怎样看待"背了忘记"

虽然日有所诵，但随着时间的推移，一周一周过去，孩子们往往随背随忘。

我中学时代曾经那么优秀的数理化，如今基本交还老师；我30多年来曾经那么投入地沉醉、抄写和背诵过的诗词曲赋，真能烂熟于心、永志不忘的，较之总量，实在是百不及一的极少部分。可是你能说，那样严谨的理科训练对于我没有用吗？忘记了的背诵都是白费心力吗？我又怎能因为绝大部分迟早会忘记，而终止沉醉、激动和背诵？

最好这样说：侥幸能有的思考和劳动的能力，是精神之野长成的一片林莽。林莽必要根植在沃土——记得的，可以发声道出的，是映着日光的花花草草；而识心所忘的，则是地表以下既深且厚的黑土。

最好这样说：侥幸能有的清新、健劲的状态，是精神之野畅流着的一条长河。一条河流的形成，需要整个大地的完整与健康——记得的，可以发声道出的，是河面映出的天光云影；而识心所忘的，则是难溯的源头，以及远方的青山、绿地和旷野。

忘记的有多少，悄悄地，在黑暗处滋润着根部的营养就有多少；忘记的有多少，汩汩地，有风无风都令河水清澈畅流的力量就有多少。

没有所谓的忘记！记得不记得，曾经的感动和念诵，都已融入血肉。

日有所诵的意义，岂止在于增长知识，积累语言！

乐感如何增强语感

评价电影，人们总爱说"好看""不好看"，其实，对电影来说，听是比看更重要的。相比于台词，音乐更是不可或缺。要不，卓别林和阮玲玉时代的默片为什么可以没有对话却不能没有音乐？

《辛德勒名单》《泰坦尼克号》《指环王》《红河谷》……提到或者想起这些电影，首先是记忆的耳朵听见音乐，然后才是记忆的眼睛看见画面。没有音乐的电影是不能想象的，然而，音乐却可以挣脱情节与画面的重力，飘然独行，荡动人心。

如果让我想象上帝的形象，那首先应当是一位音乐家。

当然不能说离开音乐语文就机械、逼仄、破碎了。然而有了音乐，语文必更加灵动、开阔、柔软、圆融。也许将来孩子们忆起今日此际，会忘了教学，而只想起窗外明媚的春光、耳边曼妙的雅乐。至于教师，但愿他们更加忘记！如果那样，便是看云的福气，因为那就意味着，在孩子的记忆中，这个五音不全的教师，已与音乐合而为一。

每当听到孩子唱那些"快餐"音乐，教师就有特别的痛苦。牙痛的时候必然头晕，赏心的时候必然悦目。在根部，人的各种生理感觉和精神体验是相通的，所以杜甫说"钟声云外湿"，所以朱自清嗅着缕缕荷香，却仿佛听到远处高楼上渺茫的歌声。我们在幼时所触所染的一切，都将内化到生命的深处，成为永难改变的根性。一个从小只听见、只吸收音乐垃圾的孩子，如何可以期待他拥有高雅的品位，从而能够欣赏伟大的诗歌、小说、舞蹈、绘画、电影、雕塑？

今天我带进教室并在作业时间播放的是《潇湘水云》《平湖秋月》，都是宜做背景音乐的曲子。《潇湘水云》空寂、沉静，琴音若有若无，好像是从空气、从心境自然泛起的似有还无的清漪。这正是作业之始所需的情境。当作业陆续完成，教师次第检查：有人窃窃私语，有人舒活筋骨，有人东张西望，也有人自由阅读的时候，《平湖秋月》油然而起。桨声、灯影、月华、湖波，一派温暖和悠扬，然而绝不喧哗躁动。

照例将曲名"潇湘水云""平湖秋月"工工整整地写在黑板上，听见孩子轻轻念，教师觉得快乐。什么都不为，就因为那八个字听起来很舒服。

母语是什么？母语首先是声音。语感是什么？语感就是对文字声音的敏感，是一种娇嫩而高贵的禀赋。错过了童年，再要培养就很难了。

哥伦比亚大学的"大书"课堂上，教授告诉学生，《神曲》是一部甜柔的世俗歌诗，举座愕然。于是教授请一位意大利男生用大家都不懂得的意大利语朗读《神曲》的"但丁游历地狱"。一段甜蜜柔和的听觉享受之后，学生都信了。《神曲》果然是甜柔的！

《三国演义》有祢衡击鼓举座皆泣的文字，看云将信将疑。前几日在电视里看哈尼族小伙子虾嘎的《鼓舞》。虾嘎是鼓手也是舞者，场上只有他一人的鼓声，台上只有他击鼓的舞姿。当我在虾嘎的鼓声舞姿中潸然、粲然，时而沸腾、时而凝结的时候，我信了！

巴别塔是可以建成的，音乐是人类同一的语言。

乐感是语言文字的最高境界。乐感是超乎言表的深层语言。当言说富有乐感，沟通将变得更为丰富、精准、细腻、微妙。

五

图画书为什么
对于儿童是重要的

，
。
？

图画书为什么对于儿童是重要的

我对阅读的热爱，完全自发地萌生于连环画。直到念师范，我仍是小人书摊的常客；直到参加工作，我仍是《连环画报》的热心读者。我对《三国演义》《水浒传》《聊斋》《西游记》及希腊神话的了解，全部来自连环画。

当成人阅读在二十世纪就已进入"读图时代"，图画书对于儿童的重要性，应是不言而喻的。在成人那里得以成立的一切读图理由，在儿童这里都应当加倍地成立。

读过《朝花夕拾》的人，大约都难忘记鲁迅与阿长之间的恩怨。"仁厚黑暗的地母呵，愿在你怀里永安她的魂灵！"鲁迅之所以将如此热切隆重的敬意给予姓名都不确知的保姆，一个最重要的原因，就是阿长给他买来过"有画的'三哼经'"。意外的狂喜给鲁迅带来的心灵冲击是如此之巨大："我似乎遇着了一个霹雳，全体都震悚起来。"

在《二十四孝图》里，鲁迅特用了同情与悲悯的笔调，记录下同窗小友对于图画的迷恋。

> 我的小同学因为专读"人之初性本善"读得要枯燥而死了，只好偷偷地翻开第一页，看那题着"文星高照"四个字的恶鬼一般的魁星像，来满足他幼稚的爱美的天性。昨天看这个，今天也看这个，然而他们的眼睛里还闪出苏醒和欢喜的光辉来。

也许，同窗小友对于"恶鬼一般的魁星像"的迷恋，正和今日儿童对于"奥特曼"的迷恋如出一辙吧。因为在今天，有相当一部分小学生的学校生活，枯燥得很！因为在今天，孩子们要看到青山碧水之类的环境美，已经难乎其难了！而美与快乐，乃是儿童正常生活下去的必需。家长、教师嗤之以鼻的印刷垃圾，焉知不是儿童的救生圈呢？夺走救生圈的做法是愚蠢而残忍的。聪明且仁慈的做法，是带着孩子一起阅读优质的图画书，是用优质的图画书来满足他们幼稚的爱美的天性，是牵引孩子登上坚固安全的游船——纵横四海。

每一个给孩子读过图画书的教师，必定都对那时孩子的眼神难以忘怀。沉醉、惊讶、清澈、痴迷，是这种纯洁健康的——在同学之间、师生之间流通着的快乐，让班级风气变得清新，让师生情感变得亲密，让学校生活变得有趣。相比于这种纯净、珍贵、充满萌生力量的快乐，其他诸多好处都是自然而然的副产品。

图画书往往价格不菲，孩子独看的感受与班级共读很难相提并论，所以教师应当带领学生在教室共读。

优质图画书对于儿童究竟有多重要，实在不是我能全面完整地表述的。也许对于儿童来说，图画书的重要性丝毫也不大过体育、游戏、音乐、舞蹈、旅行……当我说图画书重要的时候，真实的意思乃是：图画书能给儿童带来快乐，这种快乐对于儿童很重要。这种快乐对于将个人悲欢与学生成长联系在一起的真正的教师——很重要。

图画书浅显吗

一个问题：朗读课上，多读一些深邃优美的文章不是更好吗？

这个问题成为问题的前提有二：第一，图画书是浅显的；第二，图画书朗读将使孩子只能阅读图画书。

一些自以为深刻的人认为：图画书很幼稚。图画书阅读是一个初级阶段，一个早期过程，一个越快超越越好的过渡时期。弃舟登岸，教师的目的，教师期待孩子早日到达的地方，是白纸黑字的真正的阅读——唯在白纸黑字的阅读中，才有真正的鉴赏和思考。

在我看来，图画书，尤其是经典图画书的一个共同特点就是语言的精粹。最简单的故事，最简单的对话，有时甚至连情节都没有——文章里往往不免拖出一截教化的尾巴，而图画书里极少见到——更不要说那些不厌其烦的描述和解释了。这就给了读者极为开阔的思考与想象的空间。用叶嘉莹先生的话说：次一等的读者，能够体察到作者的创作意图；高一等的读者，则因文本兴发感动，体味出作者梦也梦不到的意蕴。"昨夜西风凋碧树""衣带渐宽终不悔""蓦然回首，那人却在灯火阑珊处"——王国维居然从中悟出古今之成大学问、大事业者必须经过的三重境界，这种解读，实在是词人自己都不好意思承认的"言外之意"。

对我而言，图画书朗读的诱人之处在于：教师可以带领学生透过简单的情节，看见丰富的多层的意蕴。比如《一粒橡子的奇遇》和《风到哪里去了》让孩子朦胧悟出生命轮回及万化归一；比如《小熊，睡不着吗？》和《魔奇魔奇树》则让孩子感动于充满智慧、力量和温暖的父性之爱。

"看看黑暗吧，我为你拿来了月亮。"

多么隽永、温馨和出人意料的结局啊。

还有：

"我爱你一直到月亮那里，再从月亮上回到这里来。"

这是真正的神品。越简单越珍贵，越简单越神奇！面对这样的图画书，要忍住不读给孩子听，那是需要绝对强大的意志力的。可惜啊，《小熊，睡不着吗？》《魔奇魔奇树》还有《迟到大王》，我只能就着《图画书阅读与经典》给孩子读故事。如果我们看见大图、全书，那么我们的快乐、感动，还有不意而得的深刻与提升，必将更多。

在我看来，这种全无压力、轻松愉快，渐行渐深、渐行渐远的图画书阅读，只有教师能做，也是教师第一应当去做的。一本接一本，一个小故事又一个小故事，师生互相激发、互相启发，携手走过的这条简单之旅、随意之旅，将使学生终身不敢浅薄地傲视一切看起来轻微浅显的东西。这样的人，也许更具发现美、创造美的能力，更善于从平凡生活、平凡事物中发掘到属于自己的快乐和幸福。

图画书也许真的很浅，如果你不具慧眼，只能从人所共知的深刻里看见深刻。

朗读图画书会使儿童阅读能力停滞吗

以为图画书朗读将使孩子只能阅读图画书，这种忧虑源于我们高估了自己对于孩子的作用，也即轻视了生命的主动性——蕴于生命内部的非长不可的必然性。

我清楚地记得，直到上师范，我还是连环画书摊上的常客，我对《三国演义》《水浒传》等的了解，全部来自图画书。直到今天，我还是《连环画报》的热心读者。我对图画书的终及一生的喜爱，一点也不妨碍我走向深刻和广阔。

一直佩服同事小安，她比我小很多，也比我有魄力很多。她所带班级的班级共用图书很丰富，于是她的学生从一年级开始便饱读图画书。她的班级图画书，我常用来奖励我的学生——作为奖品的不是图画书本身，而是阅读一天的特殊待遇。

我性本吝啬，潜意识里，总希望孩子借走一本书，能多读一些文字，多读一些日子。而家长呢，由于经济和观念的原因，愿意投资给孩子买图画书的也不多——即便买，也是最好称之为印刷垃圾的"奥特曼""虹猫蓝兔"……我们的班级图书里是没有图画书的。除了朗读和奖励阅读,除了父母有能力、有热情为孩子网上购书的个别孩子,绝大部分同学再没有机会接触这些经典图画书。

所以,在我看来,我给孩子读图画书,不是读得太多,恰是读得太少。

以长篇小说为主的班级共用图书,一直在以很高的频率流通周转着。《椋鸠十动物故事》《酷男生俱乐部》《随风而去的玛丽阿姨》《了不起的狐狸爸爸》《鼹鼠原野的伙伴们》《史记故事》……七万字的《山鼠叔叔的欢送会》,阅读程度中等偏下的学生一天就能看完。孩子们的日记告诉我:他们喜欢读,他们能读进去。如果"大字书"读不动,就换"抱抱丛书"。这不是很好吗?请相信生命的主动性。

为什么说朗读图画书也是语文教师的必需

前面都是从学生需要的角度来谈"总读图画书"的原因。其实,最真实、最深刻的原因乃是教师自己对于图画书的着迷,是教师自己还没有从图画书品读的快乐中走出来。

正因为怀抱了这份私情私心,所以我们的图画书朗读才拥有了一般教学难以企求的自然与真诚。教师朗读图画书,大部分出于自己的需要——教师需要通过朗读,和学生一起发现独自揣摩不能得到的发现和意义。"我需要"使得教师身上那个时刻想着教育学生、引领学生的名叫"教师"的恶魔消失了,有的只是师生同行探幽的惊喜。比起上课,图画书朗读的"教学过程"和"教学结果"较难把握、较难确定。也就是说,只有图画书讲述能让教师多多少少放下骄傲,老老实实,从图画书也从学生那里找回自己错过了的童年,重新获得灵气和生机。

教育意识最为明显的时候,是教师最为高高在上的时候。那时候的讨论和谈话最为虚伪做作。其实孩子是极敏感的,他们对此心知肚明,于是教育效果绝不是看起来的那样令人乐观。很多时候,是学生在有意识地配合教师,为的是让教师高兴,让自己早点完成任务。

当教师放任个人兴趣,将朗读变成充满未知的游戏和冒险的时候,很多问题、对话和感悟,都是从情境中自然生动地涌现出来的。这是美丽而浪漫的事情,这是吸引我不停地朗读、不停地记录的重要原因。

我们对于图画书的研读,不是太多而是太少。未及浸润,就喊反思,这是忘恩负义,也是人的浮躁和急功近利。

相信儿童的生命主动性,也相信自己的生命主动性。

这是自然的状态,这是孩子的状态。我喜欢我的状态。

应该把全副精力一心用于使现在的经验尽量丰富,尽量有意义的事情上,这才是最重要的。只有这样,不知不觉地进入未来的同时,未来也得到了安顿。(杜威《民主主义与教育》)

为什么说图画书不是"蝌蚪的尾巴"

儿童阅读推广刚刚开始的几年,作为儿童阅读事业"形象代言人"的图画书,在唤醒、软化成人,温暖、呵护儿童的过程中起着不可替代的作用。这种作用还将一直发生,越来越深刻,越来越广泛。多么希望中国的读书人,都能与图画书相伴,从图画书中汲取童心独有的快乐、温暖还有创造力。

生命是主动的。时候到了,孩子自会朝着更高的地方去,但他一定会不时回望图画书,回到源头汲取清新和力量。如果那孩子原本就是力量薄弱,无力行得更远、登得更高,那么我们就该加倍地感谢图画书,因为是图画书让他居然可以与书相拥,享受到阅读的幸福。

无意识和潜意识是孕育培植显意识的土壤。很多时候，无意识和潜意识是以当事人不能觉察的方式，比显意识更深刻、更有力地决定了人的思维和行动的方向。

相比于显意识，无意识、潜意识不是一个需要超越的低级阶段，而是需要人类加倍敬畏、加倍呵护的精神整体的重要部分。

类似的道理，图画书不是一个需要超越的低级阶段，不是一截需要脱落的蝌蚪尾巴。

为什么阅读图画书不必拘泥于意义的探究

在今天，能够看到的图画书中，我最喜欢的，还是文字精练的那一种。在我看来，图画书的文字越精粹，越富于韵律（如《猜猜我有多爱你》），就越接近于如歌如诗的神品境界。很多篇关于贫苦地区失学儿童状况的文字报道，其冲击力，都不及苏明娟那双渴望的"大眼睛"更让"希望工程"深入人心。图画、音乐、气味、抚触……这些作用于"沉默的右脑"的非语言的刺激，其在帮助人认识自我、形成自我的过程中所起的作用，是和语言推理一样重要的。

听乐、观舞、临泉、当风——爱及被爱——那些我无力用语言表达的体验，难道于我不是真实而重要的？如果缺少了这些体验，我之为我的只剩下思维和语言的人生，还有什么意味？它们更多诉诸感性，它们更多属于潜意识或者无意识的领域。一方面，它们与美好文字一样让人的灵魂保有柔软和温润；另一方面，它们又混淆或者打通了精神体验和身体感觉的关系，使人处于一种"不说还好，一说便错"的朦胧状、模糊状。在一心希望从图画书里得到语言发展和写作帮助的实用的人们看来，这种朦胧和模糊阻碍了儿童语言尤其是书面语言的发展，殊不知，正是这种柔软、温润、朦胧、模糊，使精神保有了它的完整性、扩张性。而这种涵融模糊的完整性、扩张性，恰是童年的特征——具有无限容量和无穷发展可能的童年的特征。

对智力发展和应试能力的过度追求，终于把"教育"这个原本温暖柔软的名称也浸泡在追功逐利、精打细算的冰水里了。在这种状况下，唯有艺术和艺术所带来的柔软、温润、朦胧、模糊能够让每一个人——无论是成人还是儿童，于人情的冰水和荒漠中，保有一份纯净、温暖、清新、趣味——人的气味。

不止一次觉得，并非所有好作品都适合进课堂。把一本适合亲子共读或者独自体味的图画书搬进读书课，在朗读和观赏之外增添许多讨论，真的是对好东西、好感受的一种稀释和糟蹋。这样的事情，我也做过，而且以后还要做。因为我和很多朋友一样，急于给"观众"呈现出一个显性的，至少是经过了教师的罗织可以用语言明白表达的儿童阅读成长的报告。

"图画书就是图画书"是什么意思

说到图画书，既然它是图画书，我们就不该指望从它那里获取太多的书面语言的帮助。正如我们不该指望从大部头的世界名著中看到太多的画面。拍多少次电影、电视剧，也不能取消人们对于小说《红楼梦》的热爱，因为在白纸黑字的素净的阅读中，你可以凭借想象，拥有属于你的宝哥哥、林妹妹。一样的道理，文字描述再到位，也不能替代人们观看舞蹈《千手观音》所体验到的震撼——人类的精神需求是丰富和微妙的。言不尽意、难以言表，不是图画书的缺陷，恰是图画书的特殊价值所在。图画书就是图画书，不要把"文字书"的功能强加于它，正如不要希望橡树的枝头挂满苹果。

无论孩子成绩好不好，作文水平高不高，学生是一个终究要过去的阶段，可是，我们希望孩子永远不要逝去的，是对美好事物的热爱。那么，我的孩子无论是搞科研还是卖水果，可以一样活得充实有尊严。尽管世人看他的眼光不同，可是，凭借着这一点对于美好事物的热爱能力、吸收能力，他已具备了自我幸福、自我生长的能力。就像一棵树，只要根须找到了地泉，就足以长到参天，坦然地享受阳光、迎接风雨。至于世人称它为楠木还是白杨，全然无增无损于一棵树的快乐。

既然我们从不担忧音乐、电影、美术、舞蹈会阻碍孩子的读写能力的提高，那我们为什么要担忧图画书会影响儿童语言能力的发展呢？最好把图画书当作和音乐、电影、美术、舞蹈一样的美好事物对待。如果说图画书和那些事物还有差别，那就是：图画书是书，图画书大多是在讲故事，相比其他艺术形式，图画书更能帮助孩子亲近阅读、亲近母语。对于那些"因为图画书"而疏远"大书"的孩子而言，若无图画书，也许他们一辈子都不会看书呢。

我们不仅不该把图画书和文字书对立起来，而且不能把图画书看作越早超越越好的过渡阶段。重要的是孩子从中获得的幸福感，从中获得的认识自己及他人的能力，其次还有对于图书、对于阅读的亲切感。至于如何让孩子由图画书进步到读"真正的书"，我相信约翰·霍尔顿的话：了解哪些书是适合孩子的，找到它们，并放置在孩子能够拿到的地方就行了。

为什么说图画书是"立在书橱的美术馆"

一座城市，有一座美术馆静静地站在那里等你去看。你可以去看，也可以不去看，但是对于这座城市和这座城里的人来说，有没有这样一个地方是不一样的。哪怕你是去听流行音乐、看好莱坞大片，走过美术馆和走过商店的感觉是不一样的！

图画书的作用说过不少，现在增加一条：在今天，在教育使得儿童无缘看见真正美术作品的今天，图画书替代了美术馆的作用。像《狐狸的神仙》这样的书，就是藏在书橱、立在心中的小小美术馆。

图画书的价值，首先在于图画，在于令你欢喜、感动而失语的画面。

《花婆婆》给了我们哪些教育学的启示

1. "做一件让世界变得更美丽的事。"为什么这是第三件事？

原因一，爷爷是在孙女儿表达了两个心愿以后，接着叮嘱孙女儿的，自然是第三件；原因二，花婆婆的爷爷和花婆婆年轻的时候都周游世界，饱览世界的美好，结交了很多的朋友，晚年都住在海边。他们度过幸福的一生，发自内心地感激世界、热爱世界，所以他们自然想为这个世界做贡献。

2. "为什么是第三代人？"

从曾曾外祖父到花婆婆是第三代，从花婆婆到小艾莉丝也是第三代。为什么跨越这么久的年代？为什么都是第三代？

"一代接着一代，人慢慢长大，世界慢慢变化。""世界变得美好，需要一代接一代人的努力。"在教师启发下，学生能够说到这样就不错啦。

为什么是第三代？这可不是作家灵感闪现的偶然结果。

天地洪荒，当狩猎能力增长，食物略有盈余，行止不必全体一致的时候，由食物、火堆、老人、孩子、妇女组成的基地出现了。基地的出现是人类进化史上的一件大事。第一，基地使得狩猎者行动范围扩大，运动更加便捷，收获更为丰盛；第二，基地使得孩子得到了母亲更好的照料；第三，基地使得老人对于儿童的讲述成为可能。篝火温暖地燃烧，祖孙亲密地偎依——讲述开始了。人类最初的回顾与向往，人类最初的梦想与神话，咸始于此。

从此，教育获得了间接学习的高级形式；从此，故事牵引着人类的足迹，也牵引着人类的灵魂。而这一切，全部开始于祖孙相对时刻的讲述与聆听。因为老人在讲述亲眼所见、亲身所经历的同时，也必讲述深心所想、真心所愿。唯有步入晚年的老人，能够将一生演绎为故事；也唯有心无挂碍的儿童，能够全身心地沉浸于故事，从而萌发"我要这样""我想那样"的渴望。

就像花婆婆最终实现了诺言，只要坚守信念，梦想到达的地方，足迹终将到达。当第一批听故事的孩子长大，作为新的猎手和开拓者踏上征程，他们的未来必和父母不一样了。因为他们的心里装着故事，装着梦。

归根到底，花婆婆的故事发轫于爷爷膝上的讲述。归根到底，《花婆婆》讲述的，是讲述根源与魅力。如果我们相信这个故事还将继续，那只是因为这样的讲述还将继续。

"为什么是第三件事？为什么是第三代人？"

第三件事，第三代人，如此自然而然，如此从容悠远，如此娓娓道来，如此不紧不慢，只是为了提醒太过焦躁的我们：不要急，从容些，慢慢来。连上帝也不喜欢一夜长成的大树呢。教育是慢的艺术。成长的魅力，全在一个"慢"字。如果突变随时发生，如果世界成了化学实验场，如果发展成了魔术表演赛，人生还有什么意味？

《石头汤》里的石头意味着什么

是的，石头不能吃，也不能喝。可是后来的一切，都是"石头汤"这个词引来的。所以这锅汤，只能叫石头汤而不是别的什么汤。

一切来到之前，石头在那里；一切消失之后，石头在那里。

最初的宇宙是星云，最初的世界是石头的。石头赤裸在旷野，集天地之灵气，以朴拙、浑然显示着原始的力和美。生命从石头中孕育而出。生命是石头中开出的最美的花。孙悟空从石头中蹦跶而出，贾宝玉是一块没有机会补天的顽石，他们的降生带着天然的野性和活力。从石头中孕育生命要经过一个艰难的过程，但无疑，唯其艰难，开出的生命之花才会绚烂。

石头，孕育了一切。

没有石头的时候，吃饱穿暖是村民唯一的追求。那时候，他们是隔绝和冷漠的，仅仅活在胃的层面；因为石头，他们发现，吃饱穿暖之外的幸福，是那样美妙；一颗颗冻结的心，因为石头的滚烫，变得快乐温暖、彼此需要。

"这样的人可不是每个村里都有的。"显然，村民以自己的所遇为幸运。唯一没有实在用处的石头，成为唯一存亡系之的东西。

石头是什么？对于我们而言，石头是我们坚定不移的信念。凭着石头的光润、质朴和顽强，我们坚定不移地相信：卷心菜、土豆、牛肉、大麦、牛奶，会有的；烤肉、面包、苹果酒，也会有的。

怎样理解《犟龟》里的"我会准时赶到"

由于速度的缓慢和方向的错误，陶陶错过了狮王二十八世的婚礼。即便狮王二十八世没有战死，她也迟到了一个星期还要多。

可是，在路上错过一次庆典的同时，另一个更大的庆典正在等待着她。我的意思当然不是说新王的婚礼一定豪华胜过旧王，我是说陶陶在巨大打击面前所表现出来的令人震撼的倔强及随之而来的加倍的孤独和艰辛，使得那场婚礼对于陶陶来说更加辉煌。

"你为自己的那朵玫瑰花费了一些时间，她才对你变得重要。"狐狸对小王子说。（《小王子》）

婚礼上，陶陶举杯畅饮。除了自己的真情和汗水，没有别的什么，能使这酒变得醇美。"我一直说，我会准时赶到的！"

所有经历过巨大、深刻而持久的幸福体验的人，回首往事，都会觉得走过的一路，有那么多的巧合、那么多的偶然、那么多的戏剧性。

生活本身的精彩和美好，胜过任何一个天才的戏剧家的想象。

只要你在路上，坚持不懈；只要你有一份热情，矢志不渝，总能遇见赶上你生命中的盛宴——幸福时刻的来临，不早不晚；幸福地点的到达，不前不后。

那时你所遇见的，也许与你当初想有的不一样。但你总会明白：世上其实没有"错过"之说，可以"错过"的，就不是该你拥有的；终于"错过"的，是头顶上的星星、身边的路标，其存在的价值，在于伴随你、引导你找到属于的"这一个"：终于相遇的这个人，终于辉煌的这一刻。

幸福是一个实实在在的生命体，开初仅仅作为一个信念存在于你的心中。是你一步一步的行走，是你一次一次的付出，赋予这纯精神的信念以血肉、骨骼和躯体。

狮子洞出现在陶陶的路上，庆典举行在陶陶的路上。

只要你在路上，只要你能坚持，总会准时赶到。

《等一会儿，聪聪》里的怪兽是什么

这是每一个做父母的都该读的故事。怪兽是什么？怪兽是孩子生活中到处潜伏的凶险和邪恶的诱惑。孩子感觉到了危险的存在，孩子本能地向爸爸妈妈寻求温暖和帮助，可是我们大人，总有那么多重要的事情要忙，一次又一次地让孩子走开，让孩子等一会儿。渐渐，被冷落的孩子走向凶险和邪恶所在的方向；最终，慢慢学坏的孩子被凶险和邪恶完全吞噬，变成了凶险和邪恶的本身。

当那一天来到，父母往往惊恐万状、哭天喊地：孽障啊！逆子啊！这哪里是我的孩子，这明明是魔鬼，是冤家！他们忘记了，让孩子一点一点变成孽障、逆子、魔鬼、冤家的，正是他们自己，是他们无休止的忙碌。有时候，忙碌也是一种残忍。

为什么说"疼痛考验爱与信"

——关于《鳄鱼怕怕　牙医怕怕》

五味太郎的《鳄鱼怕怕　牙医怕怕》，我很喜欢。

在长春，给一年级新生家长开讲座，题为"不能错过的敏感期"，我开头就带着年轻的爸爸、妈妈和孩子们读这本图画书。

"故事告诉我们什么呢？"我低声地问。

"每天要刷牙！"一个稚嫩的声音应道。场上一片轻微的笑。

"是的，每天要刷牙。让我们回味这个故事：看看这汗，看看这泪，体会一下这贯穿全书的怕——鳄鱼怕什么？"

"怕疼。"轻微的回答，有大人的，也有孩子的。

"牙医怕什么？"

"怕胳膊被咬掉了！"一个响亮的童音。

"可是最终，他们都战胜了恐惧，积极配合，治好了病牙，靠的是什么？"没有回答，不是不知道，是因为他们听出台上之人有一气讲下去的意思。

"是爱，是信任。发生在鳄鱼怕怕和牙医怕怕之间的故事是引人入胜和富有张力的，故事的张力来自疼痛感。疼痛是成长的必需。疼痛考验爱与信，唯有疼痛，能够见证爱与信！

"爸爸妈妈们，你们把最爱的孩子送到了学校。对于儿童成长必经的种种艰难坎坷，你们有充分的精神准备吗？一路上，孩子会觉得累，觉得疼，觉得孤独，觉得无助……这份艰难与疼痛，又必定会在深爱着他们的父母——你们那里，得到加倍的体验；各科教师呢，一人独对一个班，甚至两个班，他们将承受更多的繁杂、疲倦、焦灼、困惑。怎么办？凭着对孩子一样真诚的爱，把信任交给对方。大家精诚合作，共同努力，这是谋求儿童成长，也是谋求教师和为人父母者成熟、成长的唯一可行之道。

"不要太多听信轻松学习、快乐成长的神话。成人不自在，自在不成人；一分耕耘，一分收获，这才是千古不变的真理。疼痛是成长的必需，唯有伴随着疼痛的成长才是确实可靠的。我们怎能想象，孩子没有经历过一次又一次的摔倒，居然可以坚实有力地走路？

"当然，我们要尽力给孩子营造宽松、愉悦的成长环境。但疼痛依然是不可避免的，也不该全力避免。不要害怕、不要躲避。愿意与你一起共度快乐时光的人必定很多，但是你一定清楚地知道，那最值得你信赖，最深刻地爱着你的，必定是可以与之分担痛苦的那一个——疼痛考验爱与信，疼痛见证爱与信。"

《小黑鱼》的主题是"团结"吗

"算上扉页，全书共有 14 个场景。让我们数数看，小黑鱼独自漫游深海的画面共有多少？"

1. 他逃到了大海深处，既害怕，又孤独，伤心极了……

2. 他看到，水母像彩虹果冻……

3. 大龙虾走起路来像水下行走的机器……

4. 怪鱼像被一根看不见的线牵着……

5. 森林似的海草长在糖果般的礁石上……

6. 海鳗的尾巴有多长连他自己也搞不清……

7. 海葵像粉红色的棕榈树，在风中起舞。

"7 比 14！正好是全书的一半！这么大的比例说明什么？" "小黑鱼是怎样高兴起来，怎样成长起来的？" "靠着超常的速度，他在危机的瞬间逃避了死亡。靠着对美好事物的感受力，他在漫长的日子里获得了什么？" "信心，勇气，独立生活能力，思考能力。" "哦，整整 7 幅图！整整半本书！漫长的海底漫游历程，漫长的英雄成长之路。超常的速度、无忧的童年、广博的见识、对美的感受能力，还有勇气，还有智慧，还有长久的孤单不能磨灭的同情心！所有这些因素加起来，就使我们的小黑鱼成了——"

"大英雄！"

"是的，团结起来力量大。然而今天老师想告诉大家的是：无论到了什么时候，无论落在什么境地，我们都不能失去对美的感受力。因为说不定有一天你会独自一人，再没有谁可以依靠、可以倾诉、可以团结。可是，哪怕到了那一天，只要这个世界还有美，只要你对美还有感知力、吸收力，你就有希望赢得属于英雄的光荣、自由，还有——"

"尊重！敬佩！友谊！"

如何让语文课堂
成为文化合成的地方

在低年级为什么一项作业分两次完成

"每字一排，音节两遍，字八遍，为什么一定要分左右两边两次完成呢？"家长问。

左边音节一遍，字四遍。所有生字写完之后，右边再来，这样等于写了两次作业。加上基础训练册里的描红，一个字三次写了十二遍以上，应当能够掌握字形了。如果一气写完一排，到后来成了机械运动，从书写质量到记忆效果都差了不少。

朗读课文可以统一规定重音和停顿吗

听读，画停顿符号和重音符号。由于教师的有意强化，全班人画得一模一样。只听一遍，齐读就相当整齐了。

也许你会说：这样的整齐划一，剥夺了孩子自我感悟、自主学习的权利。不错不错，可是现在的实际情况是时间紧、任务重、人数多，面向全班的朗读教学，哪里容得你一一自主？

再说了，抑扬一致、顿挫同步的齐读，就像大合唱。一间相对封闭的教室，一班朝夕相处的人，波一样同起同伏、偕顿偕挫的诵声，能够形成一种由心及声、富于浸润和感染作用的场力——人我合一、文我合一的场力。营造、合成，从而置身场力之中的孩子，必因之获得自豪、震荡、融合的体验，必因之喜爱或更加喜爱朗读。这种自豪、震荡、融合的感觉，才是培植朗读兴趣和朗读能力的沃土。

很多时候，耳朵和心灵的感觉重于知性的思辨。面对圆融紧凑的美文，教学也应当是圆融紧凑的。教师主导的当仁不让，就是为了让教学圆融紧凑、一气贯注。

在我的班上，从来只抽查"日有所诵"，课文背诵从来不查。考试也没有差到哪里。个人以为，能够有恃无恐的一个重要原因是：热乎乎的朗读，已让孩子对于课文厮磨出了八成熟。大部分孩子，回家只要稍微用心就能背下来。至于那不肯用心或者干脆没心的，我相信，今夜不吃不睡压着背下去的，明早一觉醒来，多半还是完璧归赵。还不如让他们一团模糊、一团欢喜地跟着读、跟着混。

先读课文还是先教生字

范读再朗读，就这么一段一段顺流而下。从一年级开始，我就是先让孩子读顺了，然后回头教生字、念生词。为什么？出于直觉，我不认为孩子学习母语的过程是一个一个先认识了单独的字，然后把生字嵌到句中，把句子读顺。我觉得孩子学习的过程恰恰相反，是从句到词到字，即先把句子作为一个整体的意义单位弄清楚了，如同先认识了一个人的脸，然后才能进一步认清鼻子、眼睛和耳朵——记得并理解句子中的词语和生字。

同理，对于学生阅读，我很少指导、很少过问。我以为，对于孩子而言，一本书、一个故事就是一个大的意义团和兴趣单位。愿意读、喜欢读，这是最重要的。如果没有这种朦胧而整体的喜欢，一切启发和指导都是外在的，无关于成长的本身；如果他们爱读，继而因为阅读而提升了精神品位，丰富了生活乐趣，保持了心灵的柔软和灵敏，其他种种，该得的，只要努力就会轻易得到，即便不能有，那又怎样？

试卷不过夜的好处在哪里

试卷不过夜，就是在测验当天将试卷批改出来，第二天一上课就报分数、讲试卷。再累再忙，也要确保学生在第一时间知道考试成绩。这是我一贯的作风。同事称之为强迫症。

强迫症就强迫症！希望学生勤奋，希望家长协助，教师自己首先就应当理解并珍惜他们对于成绩的迫切关注。对于不少孩子来说，那是一家人辛苦耕耘的收成啊，教师怎能漠然置之！对于大多数孩子来说，漠视分数，也就意味着漠视功课，衰减了学习动力。所以，无论如何也要在第一时间给出成绩。这种抓紧的态度，这种猛进的步伐，学生及父母其实是能够感觉到，能够被感染的。试卷不过夜对于教师来说，自然是辛苦和紧张的，但是这种习惯一旦养成，这份苦心学生和家长一旦领悟，他们将给你加倍的报偿。一勤养百懒。在我看来，这是绝对划算的聪明之举。

当然，能够这样还需一个前提，就是教师负担不是太重。否则，教师这样要求自己就是自虐，学校这样要求教师就是压榨。

测验为什么可以适当宽松

一年级上学期，头几次测验的时候，孩子们东张西望，看得那叫开心！因为教师的视若无睹，个别精明的孩子被迫躲到抽屉里做卷子。那种过早的精明和警觉，教师很不喜欢。

要知道，那时很多小朋友还不明白什么叫考试。所谓"偷看"，对于他们是一种必经且最有效的学习。教师此时的放松，恰恰适应了大多数，尤其是学习吃力者的需要。这是充分利用了作为"作弊伙伴"和"偷看对象"的教学资源。

考试纪律的由松而紧是平缓过渡的。到期末，当学校如临大敌、严阵以待：将考场设在别班教室、拉单人座、让娃娃填写考号的时候，我们的成绩依然很好。我相信，这和教师在起步阶段的放松大有关系。

为什么测验允许查字典

在我的班上，平时测验的时候，从来都是允许查字典的。

老师都要学生遇到不认识的字就查字典，但那是几乎不可能的。有几个教师儿时能够做到这一条？反正我是不能的。

可是，因为是考试，他们查得可带劲了。这时候查到的东西，必定能够格外牢固地铭记在心。因为这时候他们格外投入、格外专注啊！教师何乐而不为呢？教师辛苦终年所为何来呢？

同时我还规定，不许借字典。原因不用说了，学生都知道。

一个问题：那连基本字词都不会写的，岂不因为查字典讨到很多便宜，以至于测验失去了了解学情的作用？

怎么可能！有本事他就一个字一个字地查，全靠字典得分，我保证，查不到一半，交卷时间就到了。全靠字典的人，只能丢分更多。

至于一般人以为考试必需的严肃性，在我这里太不重要。因为不久的将来，所有的孩子都会煎熬于应试教育特有的严肃性——在我看来，毋宁称之为"残酷性"更恰当。

小学阶段，孩子还娇弱，教育需要的是尽可能地体察、轻松、亲切、浪漫。

这种体察、轻松、亲切、浪漫，与力争上游，是一不是二。

为什么一个不能丢

每个班级都有一批学习吃力、家长能力有限的孩子。这些孩子和家长在教师的心里占据了很大的位置。

家长会上，教师说："越是成绩差的孩子，家长越是不能放松。为什么？人心好比是一块田，春去秋来，不可能空空如也，什么都不长。它那里不是开好花结好果，就是荒草丛生。一旦孩子对学习彻底丧失信心和兴趣，听课就成了煎熬，上学就成了苦挨，步入歧途——那是在所难免的事情。所以，对于这些孩子来说，帮助他，让他功课跟上趟，不是为了送孩子进多好的大学，而是为了防止孩子学坏，成为家庭和社会的负担。"

"竭尽全力，永不言弃。"家长会上，教师以此与爸爸妈妈们共勉。

有 22 年的经验教训，实实在在，教师不敢让一个孩子落得太后。大约教师都有这样的顽症：在教室里，在教学中，格外能够锁定教师目光、影响教师情绪的，往往是个别表现极差的孩子。所以，当班级里出现不可救药的厌学者、捣乱分子的时候，就意味着整个班级病了。哪怕那是火牙、蛀齿呢，各科教师、每个学生都会或多或少地受到疼痛的折磨。

一个不能丢，一个不敢丢，是为了整个班级，也是为了教师自己。

事实证明，比起手上的抓，心里的热对于孩子、对于班级、对于教师自己更重要。

无论成绩如何，一定要让每个孩子觉得老师喜欢自己；无论配合的能力是大是小，一定要让每个父母知道，教师尽其所能地拢着提着他们的孩子。当然，很多时候，这种热，是以一种严厉的形式表现出来的。

一到四年级，几乎每次测验，我都要打电话，告诉两个学习最吃力孩子的家长："麻烦你们，今晚好好看着他完成自测试卷。其他事情忙不过来，争取生字过关吧，争取必须背诵的课文能背诵吧。对于我们来说，及格就是胜利。"

为什么教学实录不实才实

主要意思和基本过程不变，我的教学实录都是在此原则之下修饰整理的产物。这样做，一是源自记忆对于经验的无意识美化，二是为了朋友能够看得清楚明白，最主要的是为了自己——为灵光一现的话头或意念赋予具有理性内容的表达形式，使得今后的教学能够做得更细致、更理性。这于我的提高很有好处。

不为提高，我为什么做这样的记录？

如果现场是文字记录的这样流畅严谨，教学必是无生机、无意义的。如果之后照录音或录像将师生发言逐字"实录"，则必然丧尽了课堂真实的生命力——那腾跃在教室的空气里、闪烁在孩子眼神中的思维的火花、情感的火花。教室里的空气"实录"无法传达，孩子的眼神"实录"无法传达。还有当时窗外婆娑的树影、湿润的风，这些都是课的一部分啊。

为了如实传达，偏要整理归纳，就是这样。

好在世上本无所谓绝对意义的实录。每一次教学都是无法复制、无法再现的动态流程。影响这一流程的因素很多，很多因素又是极微妙的：天上的云影，楼外的树色，窗边的清风，空气的湿度……更不要说教师当时的心意，学生当时的情绪，所有这些，都是课的因素，课的本身。

即便面对光盘，脱离了当时氛围，你所听见、你所看到的，哪里是"实"录呢？

要不要做段落分析

感性是血肉，理性是骨架。不能想象滋润健壮的肌肉，可以长在枯瘦病弱的骨骼。诗意和思维，感悟和分析，从来都不是分割对立的。在教学中，它们应当水乳交融、阴阳合抱，共同成为滋养和促进儿童精神成长的丰润圆满的"一"。

我们说母语具有母性，根据就在于此。在我的课堂教学中，即便是诗歌也要进行结构分析。没有适当的结构分析，背诵就会成为零乱散漫的硬记；提升审美水平的努力，也成了对于高处的没有阶梯的徒劳的腾跃。

还有专家教育我们：关于修辞，不要说术语。在教材和测验中，比喻就被叫作"打比方"。这真是舍直就曲，何其不惮烦也。其实，在教学中明明白白地告知比喻、排比、拟人，将来明明白白地告知明喻、暗喻、隐喻，对于学生而言，是比含含糊糊、遮遮掩掩更为明了便捷、更为舒服轻松的快事。儿童天生渴望知道真相；对于合规律、合目的的事情，儿童天生具有不经思虑直接把握的才能。专家提出的有话不好好说、绕圈兜圈整迷糊的建议，我们千万不要听信，千万不要让"盲人"做了我们的向导。

如今的考试不考分段，少考或者不考语法修辞知识，却是十分正确的。然而教师也需明白，如果你当真为考而教，考什么就教什么，那么这个时候，考试也难考得很好。

《第一次抱母亲》给了我们哪些心理学的启示

"母亲为什么流泪了呢？"

"母亲觉得温暖！""那是幸福的眼泪！""母亲爱孩子，母亲也需要孩子的爱！"

"母亲爱孩子，母亲也需要孩子的爱！"

学生的回答没错。也许更准确的说法应当是："母亲把孩子从小抱大，母亲也需要孩子的抱！"

愧疚激发了回报的冲动。从理智的角度来说，寻常日子里的端茶送水、嘘寒问暖才是更为实在的回报。然而，在文章特定情境之下，唯有"抱"才是最恰当、最自然，也是最能满足母亲的回报方式。

为什么？

怀抱、拥抱——以怀抱、拥抱为基本方式的亲密接触对于我们的重要性仿佛是前世注定的。人之初，母亲对于孩子的怀抱、拥抱，是儿童身体成长的必需，也是儿童情感发展的必需。一次又一次，一天又一天，孩子无意识的心灵感受到浸润于母亲对于自己身体全然的接纳和喜悦，也是世界对于自己全然的接纳和喜悦。人生所有的安全感、自信心、力量感，概源于此。

对母亲来说，抱孩子是一种非如此不可的自然需求。世界上有多少灰心丧气的女性，因为孩子而重新获得了生活的热情和勇气？哺乳、怀抱、抚摸、亲吻，这些最自然不过的行为，是母亲生命能量的释放，也是母亲人生价值的实现和证明。"其他人或许是假的。然而这个孩子是绝对离不开我的。我的状态是好是坏，对于这个小孩子是生死攸关的。所以我必须好好活！"无意识或潜意识中将此责任或信念输入母亲身心的是什么？是哺乳、怀抱、抚摸、亲吻，是自然发生的母子间如痴如醉的亲密接触。给予越多，越离不开孩子，这几乎是所有母亲的体验。

出生之前、出生之初的以怀抱为基本方式的亲密接触，是我们力量、光明、信心的源泉。我们长大之后对于友爱、情爱乃至婚姻的追逐，其实都不同层次、不同程度地包含了我们对于亲密接触的寻觅与营求。

对亲密接触的需要，伴随人的一生。我们衰老的父母其实和我们的幼子一样迫切需要我们的亲情，所以我们要时时记得抱抱衰老的父母。

怎样密切的思想沟通，怎样频繁的语言交流，都不能解决我们对于亲密接触的需求，都不能替代亲密接触带来的抚慰和滋润。那是长久困乏之后的酣睡，那是玩累了的孩子对于母怀的偎依。是的，对亲密接触的需要本质上是一种心理倒退，是一种"退婴行为"。恰是这种倒退、这种酣睡和偎依，使得之后的跋涉更加稳健。完全战胜了这种脆弱的人大约是很坚强、很成熟的吧，但这种成熟与坚强的代价也许太过沉重，那就是同时失去了童性特有的柔软、灵敏、生长力。

《彼得王子和泰迪熊》《小熊，睡不着吗？》《小棕熊的梦》这三个关于熊的图画书所表现的，都是儿童对于亲密接触的渴求。

人首先是身体的，然后才是精神的。所有精神的滋养都只仅仅滋养了精神，而相知相悦者之间的亲密接触，则滋养丰润了人本身。婚礼仪式上，最喜欢看见的，就是新郎将新娘整个儿抱起，从车上抱上楼，抱进新房。我相信，那一刻是新娘也是新郎一生中最为灿烂幸福的时刻。

两棵相近的树长久了也会往一处拢呢，有生命的地方就有对于亲密接触的需要。在人类漫长的历史中，逐渐演化出种种替代满足的方式。比如我们在夏季也要把自己包裹起来才能入睡。那薄薄的毯子，就是给予我们胎儿般安全和舒服的"布子宫"。

同样道理，很多人往往一生的睡眠都是他们在子宫里的姿势。还比如鼓掌。掌声为什么具有不可言说的温暖和激励的作用？因为鼓掌脱胎于母亲对于婴儿的怀抱和轻拍。当我们鼓掌，就是在潜意识中轻拍演员的后背，送去赞赏、鼓励或者安慰。虽然我们不知道，演员不知道，然而这种"不知道"丝毫也不影响掌声引发的心理乃至身体的反应。常有掌声响起的教室，必定是一个盈满温馨的亲情、持续产生能量的地方。所以我一直有意培养孩子鼓掌的习惯。

还有文字，还有书信，还有聚会，还有游戏，还有按摩，还有洗发，还有儿童在打闹中、成人在竞技中，经由冲撞搏击实现的身体之间的强接触、强亲密。人性深处的需要，是无法压抑的。你在一个地方以一种方式压抑了，它必定在另一地方以另一方式呈现出来，向你呐喊并实现着自己的价值。

什么叫文化合成

观点来自保罗·弗莱雷《被压迫者教育学》。

文化侵犯意味着对现实世界持狭隘、静止的认识；意味着侵犯者优越而受侵犯者低劣；意味着前者可以把自己的世界观强加给后者。

文化侵犯最终意味着受侵犯者的行动决定权不在自己手里，而在侵犯者的手里。当决定权不在那些应当决定的人手中的时候，他们只有决定和行动的幻觉。

希望我的语文教学遵循的是一种对话的模式——在一切教学过程中，而非仅仅是课堂教学。

在对话式教育模式中，学生受教的过程，也是教师被学生教会教育实践，随学生一起成长的过程。对话只存在于主体之间，合作只有通过交流才能实现。在文化合成中——也只有在文化合成中——才有可能解决教师的世界观与学生世界观之间的矛盾，以丰富双方的世界观。文化合成并不否认两种世界观之间的差别，而实际上正是基于这种差别。

教师与学生之间、学生与学生之间平等合作、真诚团结；教师凭借学养、师德、教育智慧及对学生的理性之爱赢得学生赋予权威；在对话的基础上实现师生之间的文化合成。

这是我努力接近的目标。

如何让语文课堂成为文化合成的地方

无论正在教学的具体学科、具体内容是什么，如果这种教学是有意义的，那么撑起这座意义大厦的唯一基石只能是：通过教学，师生一起就现实世界、就学生的生活境况进行联系、审视和思考，无论这种联系、审视和思考看起来多么幼稚，但它自有其无可比拟的珍贵价值：它赋予学习以生命的气息、个人的意义和现实世界律动的节奏；它使学生因学习而更加热爱生命。

《他得的红圈圈最多》是一年级下学期的一篇课文。结尾句子是："母亲知道小平学习这样用功，心里很高兴。"

"母亲是怎么知道邓小平学习用功的？"教师问。

"上网，读老师日记知道的。"

"老师打电话告诉他妈妈的。"

"写信，老师给小平妈妈写信。"

孩子们众说纷纭，语气非常之确定。

在这样的时刻里，课文内容及当时人物的生活背景不再是外在于学生的待储存的知识，而是学生站在自己的生活世界，对之进行思考、试探的一个问题。

答案正确与否实在不重要。在这样的问答中，学生生活与往昔学童的生活境况发生了交流，被孩子带进交流圈的，还有教师。课本知识不再是一个封闭、静止、亟待塞进学生大脑的东西，而是教师和学生、学生和学生实现交流的中介，共同面对的问题。

最终，师生猜测出母亲"知道小平学习这样用功"的几种可能。相比之下，就单位时间的利用效率而言，不经提问的直接告诉，看起来简要便捷了许多。两种方法的区别所体现的，乃是对教育的不同价值取向。

我的课堂是典型的提问式：好问题既具吸引力，又呈适度开放状态；好问题可以把师生之间的个别问答，变成在教室里到处反弹的公共对话。

在《赠汪伦》的教学中，点燃并激活学生、使得"李白的浪漫主义创作风格"这一主体得以"自动呈现"的，就是一系列适度开放的"好问题"。

教学过程大致如下：

一、回顾同为离别题材的唐诗：《芙蓉楼送辛渐》《别董大》《送元二使安西》。

二、讨论两种人之常情：

1. 人生自古伤离别。好友分离，多是依依不舍的。

2. 话不投机半句多。不投缘的两个人不会为离别而伤心，伤心什么？早走早好，高兴还来不及呢。

三、扣住"踏歌"，体会汪伦的心情。

拿出准备好的音频文件，播放《小白菜》《红蜻蜓》《中国少年先锋队队歌》，它们分别是凄凉、舒缓和激昂欢快的。经过一番令人捧腹的尝试，学生找到了"踏歌"的感觉，发现可以"踏而歌之"的只有《中国少年先锋队歌》——它是轻松、欢快，令人振奋的。由此可以想见：汪伦所踏之歌必定也是轻松、欢快的，汪伦心情必定也是轻松、欢快的，绝无好友远别"应有"的伤感。

四、讨论李白其人其诗。

师："桃花潭水深千尺，不及汪伦送我情。"呵，感觉好着呢！在他看来，桃花潭水的深沉、清澈，正好比汪伦对自己的情谊，又深厚、又真挚。这中间必定是有原因的，

否则，我们可以说李白这人自作多情、恬不知耻啦！（笑声）

生1：我觉得李白的感觉是对的。如果汪伦不喜欢李白，就不来送行了。

生2：汪伦仰慕李白，所以才特意请他。能结交鼎鼎大名的诗人，他已经感到很荣幸、很满足了。

生3：老师说过，李白"一生好入名山游"，所以汪伦要用快乐的歌声为他送行、为他祝福。

生4：李白走遍名山大川，朋友遍天下，离别是常有的事。如果分别一回就伤心一回，那他还怎么云游，怎么写《望庐山瀑布》《早发白帝城》《望天门山》呢？

生5：李白和汪伦都是豪爽之人，所以，他们谁也不为离别忧伤。

师：是的，在离愁别恨之外，世界上还有另一种友情在：相聚须尽欢，分别不忧伤，这也是一种很健康的生活态度，我们可以说它是——

生1：潇洒。

生2：豪放。

生3：这就是浪漫！

师：对。这就是李白，这就是浪漫。它可以表现为《夜宿山寺》的奇思妙想，可以表现为《望庐山瀑布》的雄浑壮阔，也可表现为《赠汪伦》的洒脱豪放。

怎样看待课堂教学中的跑题

我们是否都有这样的经验？当老师丢开教科书信口开河时，最不专心的学生也竖起耳朵认真听起来。老师所讲并非学生预习过的教材上的内容，学生在此听到了意外的内容，这样的新鲜给他们启示。当丢开教科书的语言与逻辑时，教师已从设计好的"知识传授者"角色中逃出来，变成一个自言自语的发泄者或者一个有真诚交流欲望的表述者。学生听到了教师真实个人的语言或者是与日常生活内容有关的语言。在许多学生的回忆中，不是规定好的授课内容而是教师的"跑题"给他们深刻的印象。

2004 年冬天，《中国教师报》记者来校采访，除了与我的同事、领导交流，还召集一些升入初中的学生座谈。那是一年中最冷的日子，座谈地点就在隔壁的学前班。学生散后，记者说："你猜猜，关于你，他们最难忘的是什么？"

"哈哈哈哈，想象不到吧！他们告诉我，薛老师有两大心病，是别人不能问的，一是体重多少斤，一是近视多少度。他们告诉我，他们写作业的时候，你就读书，读到感动的地方就到教室后面哭。你还喜欢一边品茶一边读，学校不准老师在课堂上喝水，你就拿一摞本子挡住茶壶，对他们说：'同学们，这里什么也没有，你们什么也没看见。'他们齐呼：'没看见！'高兴了你就喊他们'孩儿们'。"

跑题，是制度化过程的中断，是控制中的无意失控，秩序中的无意脱序。这样的时刻，往往成了师生难得邂逅的浪漫。授课过分严谨，绝对清除闲话，其实是一种自我压抑、自我封闭，不利于在师生之间培养类似于家人的亲情。过分频繁、过分遥远的"跑题"，是浪费学生的生命；"跑题"跑到低俗，则是放肆地制造语言垃圾，是对学生的一种侮辱。那怎么办？好在跑题也是分高下的！我要尽量深地潜入生活，潜入自我，潜入学生和书籍里，让自己从最深的内殿变得丰富灵动起来。这样，跑题不跑题都会成为有利于学生和自己的美丽的时刻。

为什么说教师议论是重要的

课堂教学中，教师议论是示范而不是压抑。

不要拒绝真诚交流，不要守着指导的位置。有一个封在"教师"盔甲里的教师，就有一个班的封在"学生"盔甲里的孩子。包括教师在内的班级，应当是一个学习和成长的共同体，僵固与隔阂，从来都是学习与成长的对立面。

一言堂，将教师的个人好恶强加于学生是缺点，没有思想能力，离开教参的搀扶就无力说出自己的见解是更大的缺陷。一个强有力的教师可以随着教育观念的更新成长为尊重学生的更优秀的教师，可是一个自己没有见解的教师，又如何谈得上尊重学生、引导学生？没有独立见解的教师，如何可以培养出有独立见解的学生？在尊重、启发、引导之前，我们首先要做的是提高自己的思想能力，决不能让思想贫弱的病疮成为尊重理解的红花，也不容许理解尊重成为教师懒惰不进取的借口。

不要担心你的议论会限制了学生，除非你限制学生发表他们的见解。每一个文本表达的都是作者对于世界的理解，越是优秀的文本越具感染力，越是优秀的文本我们越要带着孩子深入学习和汲取。我们既然不担心这种虔诚的深入学习会限制压抑了孩子，我们既然相信对于优美文本的深入虔诚的学习能够深化拓展孩子对于世界的理解和认识，又有什么理由高估我们的作用，担心我们的议论会限制了孩子对世界的理解？很多情况下，这种议论是一种示范。对于学生来说，就文本联系自己的生活和阅读体验发表独立见解，这是一种需要经过学习观摩才能具备的高级能力。作为成人的我们，可以通过阅读文学批评和文艺理论获得这种能力，提升这种能力。作为儿童要想具有提出独立见解和充分表达的能力，最好的帮助也许就是来自教师的示范、教师的议论。

教师是学科代言人，无论你承认不承认，站在台上，你就是学生眼中的语文，就是让自己成为学生眼中的高山——仰之弥高，钻之弥坚。仰之弥高，钻之弥坚的，是教师的个人魅力，也是学科的魅力。

教师议论的理想境界是什么

适情、适时、适度。

适情，就是适宜学生的接受能力。其实，每一个种着"自家园子"的教师都知道，如果没有对面那些渴想的、倾听的、懂得的耳朵，这样的滔滔宏论是难以涌现的。真实的情况乃是：恰是学生的渴想、倾听和懂得，激发了教师言说的灵感。一切富有生机的教育，都是双向的。在课堂上，教师如果没有受到学生的激活和启发，那么教师期待的对于学生的激活和启发，必是一厢情愿。当教师拿自己的见解与孩子做真诚的交流甚至倾诉，即便孩子不太懂得，他们也能从这种倾诉中体会到教师把自己当成大人，当成知音的那份尊重、那种需要。这种被尊重、被需要的感觉，是难能可贵的。学生一旦拥有了这种感觉，必定将以童年特有的生机与活力反过来浸润教师、滋养教师，满足教师成长的需要。

适时，就是教师议论是为了激活丰富学生的思考，所以一定要控制住自己言说的冲动，不能本末倒置、喧宾夺主。议论宜在学生充分发表意见之后，即便为了打破冷场，调动思维，不得已先开口，也要注意分寸。这就是第三条所说的适度。

适度，就是教师要掌控好自己议论的时间长度和情感投入程度，始终记得自己的使命在于服务儿童的母语学习和精神成长。不要把课堂当成个人情感的宣泄地和个人思想的跑马场。否则只要是我知道的，只要是我想的，只要学生大约是能听懂的，只管说起来，那么一堂课也不够你老师说的。

为什么说感悟能力也是思想能力

一个优秀的文本，主题必定是丰富的。以抽象、封闭、单一、僵化的态度面对含义丰富的文本，是对教学责任的放弃也是对优秀文本的辜负，是对文学性质的疏离也是对教育本质的疏离。

文本意义很丰富。《西游记》的意义，可以从民俗、佛理、自然人、社会人等多方面探讨。在教学中，意义也好主题也罢，一定要贴近儿童生活和儿童发展需要。在我看来，《猴王出世》是真正的儿童文学——石猴，是个男孩子。热爱自由，好奇心强，天不怕地不怕，争强好胜，十分仗义。所以很能激起儿童尤其是男孩的共鸣。

当孩子和人物融为一体的时候，就自然能随着人物一起蹈海登山，再深再远也不以为艰难遥远。文学感悟的能力，即是让故事在自己身上发生的能力，从故事中认出自己的能力。而与人物融为一体的能力，是一种幸福的能力，也是一种思想的能力。

思想能力是什么？所谓思想能力，所谓精神境界，其实就是对于他人感受的想象与体察的能力。那些唯我独尊、铁石心肠的人，其实也是精神残缺的病患。他们的灵魂是如此羸弱，根本无力站在别人的立场。

为什么说教学中的艰难时刻是珍贵和必需的

非常认同苏霍姆林斯基的话：善把难题讲得容易，不是最好的教师。因为他只是教会了知识，却没有教会学生怎样学。

观摩课上，"行云流水"是常常听到的赞扬，也是参赛教师努力追求的境界。然而一个问题是：行云流水般的过分的轻松愉悦对于学生的发展真的有益吗？如果孩子的学习因为教师变得行云流水般的轻松愉悦，那么将来学生遇到困难怎么办？毕竟，学校教学的最终目的是为了让孩子拥有自学的能力，自我发展、自我教育的能力。

让学生直面学习中的困难，打破快乐轻松的神话，这是每一个明智的师长要做的事情。在这一过程中，学生收获的，将不仅仅是知识，更有毅力、恒心、克服困难的勇气等重要的非智力因素。

如何培养认真写作的耐性

态度认真是第一重要的。

如何让学生养成认真的习惯？那就是不认真就不收你的作业。哪怕是考试，作文不认真、不符合基本要求，坚决不许交卷。

很早就发现：有些孩子并不在意作文扣分，所以，即便是考试，也不能让他们捺下性子静下心来好好写、用心写。一次一次，磨炼和提高的机会就错过了；一次一次，满不在乎的"油条"就滋生了。但是你说扣分在 5 分以上要重写，他的态度就要好很多；如果你说写不好不让交卷，当时就重做呢？一个个抓耳挠腮、绞尽脑汁，写完了还要检查，态度就十分认真。

发卷之前，教师杀气腾腾地展示了一叠作文纸："作文质量太差、篇幅太短的，你一手交卷，一手领纸，回家重写，明天交给我。"

为什么说朗读和点评日记是更可靠的写作引导

每当学生发言，教师不是凑近，而是急步后退，尽量远离。如此，清楚听见发言的，就不只是教师而是全班；如此，为了让教师听见，孩子就必须站直了，放出胸膛里的声音和勇气。"实话实说，"教师告诉同事小安，"这都是逼出来的。这都是因为他们有一个装聋的老师，一个听不清就要发火的恶师。"

今天，第四组的丁若琳朗读日记。丁若琳的《第二居室》写妹妹建在壁橱里的"第二居室"。被子、枕头、闹钟、玩具一应俱全自不用说，最有趣的是"第二居室"的窗帘是一条漂亮的连衣裙！真是别致得可以。"我多么希望自己也拥有这样的一间'第二居室'啊！"孩子们都笑了。笑容里满是羡慕，还有回家立刻开工的冲动。

在教室的最后，背壁而立，听见孩子从讲台、从教室的最前方送出自豪响亮的朗读，送出童趣盎然的文字，教师深叹："一切都是公平的！虽然眼睛透坏了，毕竟我的耳朵还是蛮有福气的。"

一篇读毕，跟着就是点评。"文章好在哪里？""有没有可以改进的地方？"围绕着这两个基本不变的主题，学生各抒己见、畅所欲言。议论常常就是重复听来的好词好句，议论常常激起欢快的笑声。

一册教材，单元习作不过七次。相比之下，不论是比自主性还是比生动性，每周两篇的日记朗读与点评都是更可靠的写作引导。上台朗读，充分满足了孩子的表现欲。因为佳作脱胎于全组逐一朗读（四组座位按照逆时针方向每周一移），且教师对于"进步篇""优秀篇"给予一样的重视，这就给每个孩子提供了公平竞争的机会。至于点评，则让每个人都有了"做一回语文教师"的机会。来自同伴的赞扬和建议，往往比来自教师的，更为学生所接受。

更可靠的，也是更自然、更温馨的，日记朗读和点评拉近了孩子与写作的心理距离，极大地激发了学生用书面语言记录自己生活、表达自己感悟的热情。毕竟，比起教材规定的习作，日记更有趣、更丰富、更自主。学生自然更爱听、更爱议，从而更乐意写。

什么时候可以写读书笔记了

我是深谙读书笔记写作之艰辛的。在我看来，读书笔记好比是花朵，兴致勃勃的阅读好比是土壤，如果过分追求读书成果的"显性展示"，就会损伤了孩子的阅读兴趣，那是竭泽而渔、本末倒置的蠢事。所以，仅仅是在两年前，我还四处说着："你想让孩子厌恶阅读吗？最好的方法就是逼他们写读书笔记！"

而今，都记不得什么时候是谁开的头了，或长或短，或早或迟，或密或疏，或彩或淡，一个接一个地，孩子们写起了读书笔记。而今，一篇家庭故事、一篇学校故事、一篇读书笔记正在成为很多孩子的一周三篇的固定模式。在我看来，一周一篇实在太辛苦了，一月能写出两篇真情实感的读书心得——就够不容易的啦。为什么呢？因为我是深谙读书笔记写作之艰辛的，写好读书笔记的前提是深度阅读、深度思考；完成一篇质量上乘的读书笔记，需要作者聚集阅读理解、感悟想象、综合思维、组织表达等多方面的能力——当然写作的过程也是对这多方面能力的锻炼和提高。读书的要义，在于广泛，更在精熟——四年级了，事实证明，他们可以精熟地阅读、有我地表达了。

读书汇报为什么要以"自愿报名，新手优先"为原则

"四年级了，朗读不能还是老师一言堂了。从这学期开始，朗读由我们师生轮流登台。这个星期一是我给你们读，下个星期一呢，由热爱读书并且热爱写作、勇于表达的同学上来与大家分享自己的读书心得。已经四年级了，老师实在不该也无权确定谁上谁不上。在我们这样一个 64 人的大班里，每一次登台都是一个值得追逐的锦标。不管你写得怎样、读得怎样，仅仅能够上台，就是很光荣、很需要勇气的

事情。何况你还能得到老师的当面教导！何况同学还能因你而得到一次关于写作与讲演的培训！实实在在，这是一件利人利己的大好事啊。记住，这可是展示和锻炼自己的绝好机会；记住，机会从来都是自己争来的；记住，从现在开始，我们要学会争取机会。想在下周登台的，现在就报名。"

9月10日早晨，读完《爱玛过化装节》之后，教师郑重其事地宣布如上，热情澎湃地鼓动如上。当时就有若干孩子举手，考虑到早自习的时间有限，当场确定了左边两组的三个同学，至于另外两组的同学，就要等到下下次了。

自愿报名，新手优先。

如此算来，一学期10次，学生至少能够听到40篇读后感、40次现场点评与指导。一次接一次，一拨带一拨，同学之间互相影响、彼此点燃；渐行渐远，渐升渐高，将懵懂单纯的喜悦提升到真挚明晰的表达——四年级了，正是其时。

当然不可能所有人都登台！教师从不把"所有人"都如何作为目标。永远，我只拿做与不做相比较，而绝对不拿已经拥有、正在拥有的收获与永远不能达到的"终极完美"做比较。那种不切实际的比较，既会要了教师的命，也会要了学生的命，更会渐渐失去整个班级的生机。

人与人根性不同、能力不同、需要不同。有人乐于展示、需要展示；有人乐于倾听、需要倾听。真正充满意义的课堂，是动静语默都能得到滋养的润泽的课堂。期待所有人都站到前台，期待所有人都达到同一高度的课堂，必是躁动的，必是不利于儿童成长的。

教师当然要尽力给予每个孩子以表现的机会。然而，该争的时候，就要让他们争起来。机遇与努力并重——生活原本如此，世界原本如此。

这才合乎自然。这才是参差有致、生机蓬勃的教育。

关于读书笔记，怎样抓住契机进行自然引导

　　十九世纪末，美国南方盛行一种毁灭人性的奴隶制度。这种奴隶制度，是将非洲更落后地区的黑人，强制押解到新大陆，作家畜式的买卖。遭受到买卖的黑奴，从此注定了他们一生被人使唤奴役的痛苦生涯，本书叙述的就是发生在这段时期的感人故事。

　　在肯塔基州，赛尔比家中有一位叫汤姆的黑奴，他是一位心地善良的人……

　　大约因为过分努力和专注吧，盛建福荣站得笔直，小脸绷得紧紧的。一向说话低声细气的她，正努力用清晰响亮的声音念出以上那些沉重的句子。同学们呢？一个个坐得端正，小脸绷得紧紧，他们听得专注而吃力。因为这篇读后感的内容，更确切地说，是这篇读后感的语言，对他们来说是遥远而陌生的。可是，正是这种陌生而遥远的感觉，隐约激起了他们的好奇与敬佩。

　　教师知道，《我读〈汤姆叔叔的小屋〉》的整段文字都是摘自小说前言或者内容简介，但是，对于四年级孩子来说，这种摘录及为摘录而作的选择、组织，无异于探险者对于地形图的用心揣摩。

　　语言是思想的武器，语言是学习的工具，高层次的思想和学习，需要掌握高级别的武器和工具。而所谓高级语言，往往又是远离现实和具体生活的，是属于另一世界的别样艰深而神奇的符号。

　　口语是声音世界里的意义符号，0~3岁儿童学习说话、掌握口语符号的过程，也是从无意识中形成意识，从物我不分的混沌状态中独立出来，成为具有日用层面的认识能力、行动能力的主观自我的过程。同样的道理，通过有意识的学习和修炼，通过阅读、交流、思考、表达、演算、实验、推理、论证……儿童接触高级语言、理解掌握高级语言，

从而建构新的认知体系、形成新的行动能力的过程，其实也是个体生命超越日常生活进一步发展的过程，即拥有新世界、成为新自我的过程。这是自我的第二次创造和诞生，在这一过程中，远离现实和具体生活的，属于另一世界的别样艰深而神奇的符号，是钥匙和路径、渡船和翅膀。

孩子为写读书心得而做的对于高级语言的摘录和体会，哪怕是生吞活剥呢，其实质也是：当同伴还在摆弄玩具的时候，她已经尝试着握住略显沉重的刀剑，向着充满荆棘又充满诱惑的地方迈开脚步。

如果教师对此视若无睹，这将是她一个人的事情，这将是她一个人的冒险。也许她会猛进，也许她会退缩。

所以，教师把最高褒奖给了盛建福荣。这褒奖同时也是对全班发出的只有动力没有压力的热切的召唤。

生命是主动的，主动的生命总是沿着三角的斜面往上升的。图画书—校园小说—世界儿童文学名著—世界名著，渐行渐远、渐攀渐高，这是很多孩子走过或正走着的阅读之旅、精神之旅。正如直角三角形斜边长度及高度都决定于底边长度一样，向着远处高处的每一次迈进，都绝不意味着对于来处和起点的排斥、远离。所谓"初级阶段"，将作为稳固可靠的底座和根基，作为长久释放清澈与活力的"童性之泉源"，支撑并沐浴着儿童的阅读家园——精神家园。

但是，相信生命的主动性又绝不意味着学校和父母可以放弃教育、引导、推动、点燃的责任。在作为生命整体的班级，当个别孩子试图驾着高级语言的战车，向着"轻松读物"以外的陌生领域开进的时候，教师有责任把握时机，把发生在个别孩子身上的"一件小事"，变成推动集体进步的"历史事件"。

这样的引导，方不失自然。这样的自然，方不流于疏阔、散漫。

由点及面，由浅入深；根深本固，枝繁叶茂。在班级精神发展史上，这是一个漫长的过程。在这一漫长过程中，教师既需敏锐的直觉又需足够的耐心。一切随缘任运，一切相机而行。作为影响儿童发展的力量之一，教师不必高估自己的作用，不必过分苛求自己和学生，不必为自己、为学生设定具体的目标。谋事在人，成事在天。要多少好营养，多少好机缘，才能成就一个优秀的人啊！教师唯一应当为自己设定的目标就是：我尽力了，我问心无愧。

习作不打草稿可行吗

修改、加工、润色，那是比写更深的功夫，那是对写作有了一定体验之后才能具备的高级能力。习作或许可以逼迫，修改则绝对不能，除非孩子对写作产生了内在的感悟，除非你乐意让孩子假装修改。

硬性规定的修改，唯一的结果只能是把儿童春草般娇嫩的写作兴致渐渐消磨怠尽。刚刚三年级，刚刚习作起步，能按要求给我们整出一篇东西就很不容易了。谈什么修改？只能越改越烦、越改越厌。我敢说，绝大多数孩子，从稿纸到作文本，不过是原样抄写一遍。一鼓作气，再衰三竭嘛，哪有一次竣工来得带劲，来得有质量保证呢？当然，质量太差必须返工的人，也是绝对不能宽宥的。

到现在，很多孩子拿着钢笔，也能洋洋洒洒、一挥而就。真是不要太帅、太潇洒。想想从前，逼着孩子打草稿、修改、誊写，白白浪费了多少宝贵的时间，白白磨损了多少写作的热情，白白消磨了多少生命的锐气。

提笔就写、一锤定音的习惯养成了，教师对于应试自然更有底气。而学生呢，在将来的中考、高考中必定比别人在时间上多一份从容。

能够和敢于这样，第一因为我们自己对于写作有感觉，第二因为我们对儿童有体察。换言之，一是因为我们长得高，二是因为我们不忘本。从前很多貌似必须，其实有悖情理的规定，多是因为教师忘记了自己的童年、自己的来路。

柒

为什么教师必须
先做读书人

，
。
？

为什么说爱工作就是爱自己

柯林·威尔森在《心理学的新道路——马斯洛和后弗洛伊德主义》中指出：人们在河里修筑水坝用来建造水库或湖泊。这里的"湖泊"相当于意识，也蕴含着能量。水坝是可以活动的，当它遇到兴奋、新鲜的刺激或危机时就会向下移动，从而使湖的容量变大，那样就具有了更大的能量。

我们当教师的，都曾经有过类似于灵感袭来的课堂教学上的高峰体验。我相信，促使很多人努力钻研课堂教学艺术，孜孜不倦，精益求精的，是以荣誉称号和奖励证书为表征的成功的认可，更是那一种让人沉醉不已的高峰体验。那种体验，一旦品尝，就抑制不住要一再地复制它。

高峰体验使人感到自己更强壮、更成熟、更有力，这是诗意的感觉。

获得高峰体验需要经过艰苦的努力，很多人因此而懈怠，因此而使工作成为年复一年、周而复始的机械运转，激情不再，高峰体验更是枉谈。难道这是对自己的爱惜吗？错！柯林·威尔森告诉我们：没有高峰体验的生命，不仅是暗淡的，也是不健康的。高峰体验的有无及其频繁程度，其实是衡量生命质量的高低程度的一个标准。

马斯洛指出：健康的生活就是与世界进行能量的交换。一切生理的和精神的疾病，都源于能量交换渠道的堵塞。

读书、思考、教学，凭着满腔的爱意，我们为孩子付出；孩子呢？以敬爱回报我们，以他们天真、健康的生命力，滋养我们，使我们避免变得麻木不仁，停滞衰朽。

一个缺乏爱心、缺乏工作激情的人，不仅是不快乐的，也是不健康的。一个不会爱，或者有爱但不会表达爱的人，是生命能量被封闭的可怜的人。

爱工作，就是爱自己。

教师为什么尤其应当做客观意义的追求者

还记得那个宣传读书就是为了挣大钱、娶美女的尹建庭吗？他的教学能力不错，学生考试成绩也好，可终因出格的言论给驱下了讲台。

教师中有人为尹建庭抱不平。作为母亲，我要说的是，我不愿尹建庭做我儿子的教师。

当然，如果碰上了，我希望我的儿子像尹建庭的部分学生一样，愤怒地提出抗议。如果是男生，那是因为他不想只活在物质的也就是动物的层面；如果是女生，简直就该把这位教师轰出教室——挣大钱、娶美女，在这位教师眼里，女性是供男性追逐博取的物化的东西。

人和动物的不同，在于人可以将自然、自身及自身的行动作为反思的对象，从而改造环境和自身。而在动物那里，一切活动的结果都指向食物。动物没有目标，动物淹没在环境中。在自然界，动物只是生存而非有意识的存在。

荣格经研究发现：人类渴望一种非个人的、客观的意义，就像口渴的人渴望一池清泉。艺术与文化并不是像他老师弗洛伊德所说的那样，是性欲寻求满足的副产品，而是人类寻求非个人境界的物质见证。明白了这一点，我们才有可能理解哥白尼、布鲁诺、凡·高、德沃夏克，以及寂寞创作，视发表为拍卖灵魂的迪金森。

当然，这样的人永远是极少数，但正如我们每天摄入的盐只占了食物很少的部分一样，我们不能想象人类没有这样的人，正如我们不能想象我们每天可以离开盐。

教师的工作平凡而艰辛，即便如此，我们也需要在工资、职称、荣誉称号之外，找到属我的客观意义。这意义，说得再玄一点，好比是夜晚的星星，它其实不能给你照明，但是，你怎样想象抬头不见星星的日子？

为什么教师必须先做读书人

苏霍姆林斯基在《给教师的建议》中写道：

> 怎样做到终身备课？这就是读书，每日不间断地读书，跟书籍结下终生的友谊。潺潺小溪，每日不断，注入思想的大河。读书不是为了应付明天的课，而是出自内心的需要和对知识的渴求。

教师进行劳动和创造的时间好比一条大河，要靠许多的溪流来滋养它。

不管你到公共图书馆去借任何一本书是多么方便，我还是建议你能有自己的藏书。

学生的智力生活的一般境界和性质，在很大程度上取决于教师的精神修养和兴趣，取决于教师的知识渊博和眼界广阔的程度。对一个教师来说，最大的危险就是自己在智力上的空虚，没有精神财富的储备。

如何看待自己对学生的影响

儿童对于教师有着近乎天然的依赖和模仿心理，一至三年级的孩子更是这样，他们几乎无条件地服从和信任教师。从四年级开始，这种服从和信任才变得有条件。学生开始学会用辨析和评判的目光看待教师。所以，教师要努力提高自己的师德修养和专业水平，用自己独特的人格魅力、教学勇气、教学智慧，照亮自己所授的学科，照亮孩子的童年，也照亮自己的平凡人生。

然而，教师也要清晰地认识到个人力量的有限，认识到教师影响不过是作用于儿童成长的诸多因素之一，而且不是最重要的因素，不是在最关键的时期。所以，教师在尽职尽责的同时，还要抱着一颗但闻耕耘莫问收获的平常心。谨记竭尽全力就是胜利，如此，才有可能持之以恒地付出真心和努力。如此，才有可能因为这种基于平常心的付出，获得较大的收获。

为什么说语言素养是教师的第一职业素养

苏霍姆林斯基以为，无论你教什么学科，语言素养都是作为教师必须具备的基本素养。否则，学生听课如同受刑，为了取得好成绩，孩子们将以健康为代价。

清晰简练、生动新鲜的教学语言会使学生对你的每一节课心存期待。他们知道：从你嘴里出来的话，绝不会重复昨天，绝不会是机械迂腐的陈词滥调。无论教学辅助手段多么发达，语言永远是教师联络感情、传授知识、激发思维的最重要、最基本的方式。具有足够吸引力的、新鲜活泼的语言从哪里来？读书，只有读书。

"无机物是怎样通过光合作用变为有机物的？"一般的生物教师都这样问，教材上也是这么写的。同样的问题，苏霍姆林斯基却是这样提出的：

> 在植物机体这个非同寻常的复杂的实验室里，经过阳光的照射，把矿物肥料这种死的东西，变成了饱含汁液的番茄，变成了香气袭人的玫瑰花，究竟是经历了一番什么过程呢？（《要使知识"活起来"》）

这样的生物课，这样的教师所任的生物课，怎不引人入胜，怎不令人向往！古人云："得遇良师，家门有幸。"做他的学生，真是幸福啊！如果我是个语言乏味的老师，那我就要了学生的命！所以，我如醉如痴、孜孜不倦地修炼口语功夫，把主要精力用在了提高课堂教学效率。个人以为，作为教师，我一直做着最该做的事情。人的精力总是有限的，40分钟，乃是教学的命脉所系，所以，我宁可在其他方面，比如苏霍姆林斯基竭力反对的"补缺补差"上面偷懒或不做，因为语文不同于数学，语文是可以在广泛的课外阅读中慢慢悟的。

为什么教师耐心是阶段性的

"母亲照顾孩子的动力，与其说是来自爱，不如说是源于本能——阶段性的，逐渐转移方向的本能。妞妞一岁半前，夜里睡觉老是吭吭叽叽。那时候，只要她一吭叽，不管多么昏沉、多么疲倦，我立刻翻身坐起，把妞妞抱在怀里，温柔地哼着歌，轻轻摇她入眠。碰到孩子头疼脑热，一夜起来十几次，几乎通宵不眠。就是那样，我也不觉得辛苦。白天上班，精神依然饱满。如今想来，当初怎么会有那么大的劲头？简直不可思议！简直不堪回首！简直有为自己高歌一曲的冲动！啊，母亲真是太伟大了！可现在呢，母亲还是这个母亲，却越来越不伟大了。夜里妞妞一吭叽，我就凶她：'快睡觉！'要不，干脆照屁股就打。有意思的是，妞妞听了训斥、挨了拍打，回答：'知道了。'头一歪，就睡着了。是我的心变硬了吗？不，这是上天安排好的。两岁以前，当要求母子一体的时候，母亲自然就有用之不竭的耐心和精力。当孩子渐渐长大，能够行走说话，蹒跚着走向独立的时候，母亲的耐心就随之减少——
恰恰足够用来呵斥、拍打。而孩子呢，也恰恰因为这种疏
远和不耐烦，渐渐拥有了自我控制和独立的能力。"

我的同事小安如是说。妞妞如今两岁半。

带班也是这样。还在三年级，仅仅三个月之前，教师还那么不放心，
那么步步为营、严防死守：基础训练都是读过讲过再做，做完了对着
教师板书的答案订正，然后教师还要面批。"AB 卷"呢，在教室写
完大部分，留个尾巴回家做，家长签字打分，然后对着答案讲解订正，
再抽查订正情况。何其不惮烦也。

四年级了，陡然没了那份热情和耐心。以后基础训练学生直接做，
测验就用 B 卷，不再一遍一遍慢慢地磨。成绩下降怎么办？成绩的下
降是必然的！孩子自觉、家长负责的，他们自然会警醒起来，自然会
抓紧提高，那样的成绩，才是可靠的。孩子贪玩、家长不问的呢？随
它去啦。就是父母，也不能养育到老。何况是教师，总是牵着拽着逼
着哄着，早晚有个头啊。

头在哪里？就在今天，就在教师陡然衰减了热情和耐心的四年级。
为什么是在四年级？因为这时教师累了、烦了、厌了，因为这时孩子
已不需要从前的无微不至了。为什么这样说？师生状态的对应，有如
母子，就是这样。

上天安排的事情，总是无理可说却又最合理不过。

继续手把手，班级成绩自然会好一些。得益最大的，是那些父母
基本不管的孩子。然而，多数孩子急需发展的独立能力却因此被压抑了。

弱孩子尤其需要一对一的帮助。一对一的帮助，只有父母能够做
到。教师能做的，是在工作时间内尽职尽责，是告诉父母该如何去做。
当学生到了中年级，如果出于对"甩手家长"的偏爱、错爱，教师继

续对全体学生大包大揽不放手；如果教师以"弱势群体"的需要确定教学行为，其结果，只能是把整体的学习能力和整体的学习自觉性，向着弱势群体所在的位置往下拉。那样做，既不公平，也不理智。

让我们在有耐心的时候付出足够的耐心，在没有耐心的时候拥有放手的勇气。并非热情减退，而是听从自然的命令，调整了热情倾注的方向。正如孩子小的时候，父母最关注的是孩子的饮食健康，当孩子上学，则更关注孩子的学习和精神成长。

就是这样。

为什么说我们首先应当看重的是学生的努力而不是成绩

教师也好，父母也好，我们首先应当看重的，不是成绩，而是态度和努力。有两个孩子在这里：一个资质中下、勤勤恳恳，能得 80 分就得 80 分；一个资质中上、心不在焉，该得 90 分只得 80 分。两人分数相同，然而更可靠、更值得信任、更有前程的，必定是第一个孩子——除非第二个孩子醒悟过来、踏实起来。因为前者对生活、对自己更有责任感；因为生活要求我们的，首先是恒心、定力、责任感等非智力因素。作为教师，当我们持这种态度看待学生、评价学生的时候，教育就是素质教育。

为什么作业出错的孩子尤其需要尊重

铃声再次响起，去教室。这堂是写字课，三个孩子再次订正完毕——他们在努力，他们也想好啊。想起苏霍姆林斯基的话：即使是成人，你告诉他所忙的全是白做，做了不如不做，那也是令人沮丧透顶、无地自容的残酷行径——何况是学生！

对于体质较弱的孩子，父母总是给予更多的关怀。同理，对于那些作业中付出努力却出了错误（而不是有意敷衍了事）的"思维体质"较弱的学生，教师和家长应当给予更加体恤温存的对待。训斥和嘲笑所带来的恐惧和自卑将使他们羸弱的思维体质变得更加羸弱，给予作业出错的孩子以格外的尊重，这很难做到。因为这既考验教师的耐心，也考验教师的智慧。给予作业出错的孩子以格外的尊重，这必须做到，因为这既是善待学生也是善待自己，既是学生的需要也是教师的需要。

为什么对于弱孩子"忽略"就是呵护

如果教师留心那些弱孩子在课堂上朗读课文的样子，真真让人心紧心疼。目不转睛、声嘶力竭，太阳穴和脖子两边的青筋都暴起来了，恨不得把整张脸、整个人都投到课文里去！这就是学力不足的孩子啊。只要留心，以后在课堂上，教师也一定能够触目惊心地看见：一篇课文，是如何耗掉了一个孩子大量也许是全部的精力。不止一次，下课铃响了，同学们都去玩了，一两个弱孩子还在一边写一边哭。因为他也想玩啊；因为他比谁都累，比谁都更需要休息。

数学和语文不同，数学是不可以囫囵吞枣的，所以数学老师经常利用体育、音乐课给几个弱孩子订正、补习，这些孩子在校度过的每一天，都比别人辛苦、沮丧。很多个清晨，看见这些孩子背着书包蹦跳着进校门，脸上挂着灿烂而新鲜的笑容，我就不能不深受感动——如果是我，我是否能够这样灿烂而新鲜地笑着，迎接格外辛苦、格外沮丧的每一天？

所以，对于这些孩子而言，放松就是给予，包容就是爱。事实上，正是这种放松，这种基于体察的放松和不强求一致，使得这些孩子能够不被隆隆向前的集体的车轮轧扁，能够在车轮以外，艰难地以自己缓慢的节奏跟着走。对弱者而言，超出能力的期待和要求，往往带来不能承受的压力，往往导致不可逆转的两极分化。

苏霍姆林斯基说：给予完全的耐心，付出全部的努力，然后是等待，等待思维的苏醒。至于思维会在什么时候苏醒，苏霍姆林斯基的原话是："我们完全不知道！"教育家就是格外坦诚的人啊。

很多时候，放过了孩子，就是放过了自己。很多时候，看似负责的步步紧逼、穷追不舍，其实是错把毒药当美味，其实是把孩子那点原本微弱的信心之火、力量之火给彻底扑灭了。

为什么校讯通不能变成作业通

如果校讯通用于发送作业，那么学生任务就成了家长任务，因此而完成作业的孩子，你又怎敢对其将来抱有信心？给家长发送作业就意味着：教师也好，父母也好，我们对孩子的自主能力及具备自主能力的可能性彻底丧失了信心。如此一来，所谓校讯通，从某种意义上说也就失去了孩子经过自我努力和师长惩教实现真实转变的可能性。再说了，每日作业，各科教师已在教室给全班布置过一次，班主任还要在网上给部分学生再布置一次，这就凭空增加了教师负担。记住并完成作业，这是学生起码应该做到的。做不到，就该为此承担责任、接受惩罚！这才是教育和挽救拖拉孩子的正途。所以，我宁可每天查出他来，让他补，罚他抄，也不每天给家长布置作业！

如何面对每天都交不齐的作业

别班"作业通"的效果如何呢？一部分孩子转变很多，另一部分孩子情况照旧。于是教师额外收获了一份对于家长的气愤。如果算上教师每天发送的工作量，总体来说，得不偿失。

这说明，希望校讯通实现作业天天清、个个清，是完全不可能的。

在我看来，63 个孩子的班级，每天 6 个，也就是 1/10 的人"忘记"或者少做作业，教师应当能够接受——心平气和地令他们补完作业，并罚他们抄书。

面对做作业拖拉的孩子，怎么修炼，教师也很难做到心平气和。当"无明"之火蹿上心头，我问大家："这些同学偷懒成功了吗？""没有！"学生的齐答减弱了教师的愤怒。"现在，他们的任务反而更多了对不对？""对！""这说明什么？""他们特别爱学习！他们特别爱抄书！"学生齐声调侃。"多么难得啊！鼓掌！让我们用掌声表示由衷的敬意和向他们学习的诚意！"掌声雷动，笑声浪起。掌声与笑声中，教师非理智的愤怒涣然冰释。教师这样残忍吗？当然不！教师是人，教师也需要缓释地泄愤！去读读《论语》，笑子路、骂宰我、批子贡，多么率直过瘾！那才是真师徒，真情意。

今天张三李四，明天王五赵六，再小的班级，每天也有作业不交的。这很正常。能够让全班 100% 保质保量完成作业的超级教师大约是有的，但看云不是。看云以为明智的选择是：以平常心对待平常的自己、平常的学生、平常的家长。这才是真实的心平气和。绝不挑战极限，绝对不追求虚妄和令人窒息的 100%。参差不齐，是生命的自然状态，也是教育应有的自然状态。

什么才是值得追求的胸襟和能力

然而，还是天天有人挨罚，还是天天需要修炼心平气和。因为家长有家长的事情，家长不可能天天查作业。至于天天清、个个清，就算是我自认无能、自甘无能吧，我从不打算做到。教师的胸襟和能力，不在于是否能够彻底改变每一个孩子，而在于是否能够承认和直面自己的平凡、学生的平凡、家长的平凡，从而以非凡的包容之心接纳每个孩子，接纳并非全能、无法全能也不该全能的自己。

为什么说教育是一场战争

一个班级是一个有生命的整体。一个班级的家长也一样，不过相对松散一些。一种消极思想出现了，如果我们不去做工作，就会丢失阵地，削弱生机。很多时候，教育就是一种抗衡——不是东风压倒西风，就是西风压倒东风。原则问题，寸土不让；错误观点，止于苗头。针对一种错误思想给家长发公开信就是一种很好的作战方式，但既然作为公开信写出来了，就是针对所有父母说的，所以，一定要把话说透，说全。即便个别人仍然无动于衷，但作用必定在其他人那里发生：有的会苏醒，有的更加尽力。当集体获得新的整体性的上升力量的时候，终究会带动下坠者。

班级——包括了孩子父母在内的广义的班级，是一个有机的生命体。当越来越多的人动起来，当越来越多的心热起来，那冰冷的坚硬的，至少感到了震慑和畏怯。

教育，也是一场战争。是光明、柔软与冰冷和坚硬争夺势力的战争。

撒种的比喻给我们什么启示

耶稣曾用撒种的比喻对人们讲道理：有一个撒种的出去撒种。撒的时候，有落在路旁的，飞鸟来吃尽了；有落在土浅石头地上的，土既不深，发苗最快，日头出来一晒，因为没有根，就枯干了；有落在荆棘里的，荆棘长起来，把它挤住了；又有落在好土里的，就结实，有一百倍的，有六十倍的，有三十倍的。有耳可听的，就应当听。

为使家长支持我培养课外阅读习惯，我连续给他们发公开信。我曾经这样写道："不敢期待人人都同意我的意见，都会用行动配合我，只要你们中间有三分之一的人愿意跟我来，我就满足了。"当时我还觉得自己挺谦虚，挺低调。可是当我读到撒种的比喻，我才知道，自己还是性急了。

四分之一的人能有实在的收获，这是耶稣对自己传道效果的估计。我呢？我居然期待三分之一！

"但问耕耘，莫问收获吧。教育是缓慢而美丽的事业，需要我们有百倍的耐心和信心！"我对自己说。试想当我持有这样的心态，还会为孩子的笨和难以教育而恼怒吗？耐心于是乎生，信心于是乎有！

班主任必须操心的三件事是什么

作为班主任，除了自己所任学科的成绩之外，还要操心三件事：各科课堂秩序是否良好；各科成绩是否良好；学生日常表现是否良好。如果以上三条的答案都是良好，这个班级应当是不错的，身在这个班级的学生是让家长放心的。

如果想要更上一层楼，不妨进一步追问：良好秩序、良好成绩、良好表现的获得，是否靠了保姆式的无微不至的照看或是警察式的无孔不入的监视。如果答案是"否"，那么这个班主任该多么舒服，这个班的学生该多么舒服。因为这个班主任达到了无为而治的境界，作为有机整体的班级已经获得了自我教育的能力和积极进取的动力。鞋好鞋坏脚知道，在我这里，多年以来，基本不把名目繁多的班级评优和个人评优作为目标，要的就是一个属于学生与自己的实惠和自在。有时候，锦旗背后是学生的不堪折腾。

最值得班主任持之以恒的事情是什么

"无限信仰书籍的力量。"这是苏霍姆林斯基的话。班主任的工作千头万绪，如果所有的事务你都严阵以待，自己崩溃了不说，还要连带着学生晕头转向，疲于奔命。"听命于外，不能听见内在的声音。"所以，不管上面有多少活动，不管外面有多少干扰，作为班主任，为了班级整体的健康发展，为了自己的心平气和，一定要有主心骨，一定要有一个持之以恒的原则、一曲贯彻始终的主旋律。否则，你就成了一头被人牵着鼻子到处跑的笨牛，终年忙忙碌碌，终年稀里糊涂，也许还要搭上终年焦头烂额，终年吃力不讨好。

什么是第一重要的教育原则？连续性。什么叫智慧？就是对值得做的事情专心致志。杜威和洛克，说的其实是一个真理。

简单的招数练到极致，就是绝招。频繁的展示、测评和检查其实是对教学和教育工作的骚扰。并非所有任务都是值得我们全身心投入的。闲暇出智慧，教师的轻松是班级的福祉。战战兢兢、如仆似奴；晕头转向、狼奔豕突，终日听命于上，终年被压力驱使东奔西跑的人，必定是无法听见自己内在的声音，从而丧失自我、丧失创造力、丧失个体生命价值的可悲可怜的人。他们完全被生存的压力塑造成机器或机器上的一个零件。教育应有的尊贵、舒展与生机蓬勃，不可能在这样的可怜之人身上看到。修身养性讲究君子有所为有所不为，教师在努力减轻学生负担的时候，也要学会给自己减轻负担。善待自己，不要眉毛胡子一把抓地傻干。

在我这里，二十四年如一日持之以恒的就是：竭尽全力让每一个孩子成为终身读书人，让班级成为书香班级；竭尽全力让每个孩子所在的家庭成为书香之家。最聪明的人不是善于解决问题的人，而是善于消灭问题的人，即让问题不出现的人。读好书，走正道。当班级里的孩子大多带着书卷气息的时候，很多令人头疼的问题就不会出现。教师和学生各得其所、各得其乐。这就叫把羊儿带到草原，把鱼儿放到大海。果能如此，教师还想要什么呢？其余诸多，就视各人的兴趣、能力和精力，给予相应的对待啦。

你的班级你做主。只要你不被外在的评价所诱惑，只要你自信已对第一重要的事情竭尽全力，问心无愧。人褒人贬，何足挂心。而且，当你脚踏实地又志存高远，把目光投向远方，投向儿童发展的真实需要的时候，你该得到的回报，一定会准时到来，其丰厚程度，也许超出你的想象。

为什么家长会也需集体备课

为了传播相同的理念，必须发出相同的声音。

同一学校里的教师应当是一个专业成长共同体，同一间办公室里的教师或者班主任更是如此。如果他们能够把每一次某个班级、某个教师遇到的问题作为集体关注的公共话题，共同寻找解决路径，共同汲取经验教训，那么他们这个共同体将呈现出很好的发展态势，并且在求同存异的前提下，不知不觉中就很多原则性问题形成持久稳定的共识、攒下丰富有效的经验。这种共识和经验对学校、对教师是宝贵的财富，也是学生得以健康成长的有力保证。家长会是学校和家庭、教师与家长之间必需而重要的沟通和交流形式，一学期一次的家长会效果如何，往往对之后的班级管理和教学工作发生较大影响。因此每次家长会之前，班主任应当主动和各任课教师做好沟通交流，使得大家的发言既具有各自独立的学科特点，又具有共同的教育学意义，使得家长感觉到这个班级所有的教师是心往一处想、劲儿往一处使的，这样他们才能对所有教师抱有信心和信赖，才可能与学校齐心合力，为孩子的健康成长服务。

不仅如此，各个班主任之间也应当在家长会之前加强沟通，找出各个班级普遍存在的问题并就这些普遍问题探寻解决方法，向家长发出统一的呼吁或者召唤。因为家长也是一个特殊的共同体，至少在家长会前后一段时间，他们会聚在一起议论家长会内容。如果他们感觉到这个学校里不同班级教师发出的声音是大致相同的，他们会在感受到自己孩子班级的教师齐心协力的同时，感受到整个学校教师的风气正、人心齐，这对于他们也必发生很大的正面促动作用。

为了开好全校家长会，小组已经集体准备一个多星期了。在此期间，讨论最多的，也是最能为我们的行动提供理论依据的，是苏霍姆林斯基的《帕夫雷什中学》。

在因班制宜前提之下，为了让班级共读、亲子共读在这城郊普通学校形成场地，我们以为：在原则性事务上，一定要有相同的理念、相同的声音。

下面的"苏霍姆林斯基如是说"，是本组所涉四个班主任都要说的话：

> 最完备的教育方式是"学校—家庭教育"。
>
> 施行"学校—家庭教育"不仅可以很好地培养年轻一代，而且还可以使家庭和父母的道德面貌完美。没有对子女的教育，没有父母对学校生活的积极参与，没有成人与孩子之间经常的精神上的接触和相互充实，就不可能有作为社会基层单位的家庭本身，不可能有学校这个最重要的教学教育机关，也不可能有社会在精神上的进步。
>
> 生活雄辩地批驳了那种认为未来属于脱离家庭的寄宿

学校的主张。凡属削弱家庭经常教育孩子的一切，同时也会削弱学校。由此引出学校一项极为重要的任务：向家长传授教育学方面的基本知识。

为什么不能屈从讨好品行恶劣的学生

为了鼓励弱孩子，教师自然特别留心他们身上偶现的闪光点，一次次期待将一星微弱的小火拢住、吹旺。即便如此，奖励也不能过分大方和随意，必须在他们付出努力之后才给予。各人禀赋不同，我们应该鼓励的是孩子付出的努力，而不是成绩本身。

针对弱孩子的廉价的、泛滥的奖励，不仅在弱孩子身上不能达到预期目的，而且对于其他勤勉的孩子也会造成伤害。当奖赏贬值、鼓舞无力的时候，教师的威信和付出也就贬值、无力。教室里的孩子，需要从他们敬爱的、强有力的教师那里获得源源不断的成长动力的孩子，也就丧失了一种重要的动力。这是需要警惕的事情。

最可笑的是，有教师为了教育（说"屈从""讨好"其实更恰当）那些品行不端、表现恶劣的差生，居然委以重任，让他们担任班干部。这真是所谓的"要当官，杀人放火受招安"！如果我是这个班级的优秀学生，我可以不介意教师随便给予弱同学的旨在鼓励和扶助的奖励，却绝不能忍受来自品行令我不齿的同龄人的管束。这是每个优秀的人不能承受的耻辱。苏霍姆林斯基说，在涉及善恶的大是大非的问题上，教师一定要表现出强烈的爱憎，这将给学生留下深刻的印象。

三本书的札记

（一）关于《破茧而出》

《破茧而出》是怎样的一本书

在美国，很多儿童在小学阶段还能靠着加倍用功，艰难地跟上同学的步伐，可是一旦升入中学，这些孩子立刻被高强度、高密度、高速度的学习重负摧垮。记忆、理解、阅读、写作、讨论、实验、报告、陈述……还要有创造性！学习压力排山倒海般到来。很多孩子夜以继日地埋头苦学，成绩依然是不可挽回地每况愈下；很多孩子没等升到中学就彻底放弃努力，给自己贴上"智力低下""思维紊乱"的标签，成为教师的烦恼、父母的心病、教室里的小丑、街头上的混混。

"我们知道你可以做得更好。""一旦他下定决心了，他就成功了。""他的态度有问题。"千篇一律，成人都这样责备。于是孩子除了网络、电视和坏朋友，无地可逃、无处可去。一个接一个，他们堕入吸毒、酗酒、欺诈、斗殴、盗窃的深渊。

也有较为仁慈开明的教师和父母，看着孩子被失败击倒，看着孩子徒劳无益的苦苦挣扎，除了绝望、心疼，一筹莫展。他们往往充满自责地把悲剧归咎于自己爱心不够或者家教失策。可是因为不能对症下药，教师和父母所能给予的关心、帮助和安慰，只能增加孩子的内疚和自卑。很多孩子在求助于儿科医生梅尔·列文之前，已是安眠药、兴奋剂、抗沮剂、抗冲动剂的长期服用者。

相比于儿童在学校的处境，成人的世界无疑要宽松很多。一人一个样，人脑的思维模式是多么的微妙和富有个性啊，于是那样丰富多彩的职业种类和生活方式被创造出来，以适应千姿百态的个性思维。

很少有成人需要在职场上面对儿童在学校中所必须面对的复杂严峻挑战，很少有职业对于职员的记忆、理解、阅读、写作、讨论、实验、报告、陈述、创造性等，有那样全面苛刻的要求。

有太多的年轻人，在历经艰辛熬过学生生涯之后，终于如释重负地发现：考分并不是最重要的，暗淡的成绩册并不能阻挡自己通过诚实努力去拥有幸福充实的生活。然而，也有很多的孩子，还没有来得及熬到就业的年龄，就已经被失败的旋涡卷到堕落的深渊。

所以，孩子需要我们的帮助。

提供帮助的前提，是对于需要帮助的人及其身处困境的根源有深刻的体察。很多悲剧发生的原因，就在于人们对于大脑的学习机能和学习过程不够了解。由于搞不清学习到底是怎样一个过程，无法理解孩子的思维模式及其优缺点，成人就无法为其提供有的放矢、切实有效的帮助。

行为—发展儿科医生梅尔·列文说："要是在几十年前，写出这本书不大可能，只有到最近几年，随着对学习、大脑功能、教育失败加大科研资金的投入，我们才能够找到了解孩子思维的途径。"

他把所有神经发展技能（即学习过程）归入八类别，即注意力控制系统、记忆系统、语言系统、空间排序系统、时间排序系统、运动系统、高级思维系统、社交思维系统；把决定孩子思维剖面形成的多种原因归为八个方面，即基因因素、情感因素、同伴因素、生理健康因素、教育经历、文化因素、家庭因素、环境影响，从而通过 30 年所积经典案例的分析，揭示学习的秘密，探寻厌学的原因，寻找可能有用的帮助措施。

> 像其他人一样，我在学校也曾遭受过恐怖和羞辱的痛
> 苦。多年来，我勤奋工作，帮助成千上万不成功的孩子减

轻这种痛苦，这些孩子学习成绩上不去，在苛求的社会生活中，或在能力上无法满足父母亲的要求。在这个过程中我赢得家长和老师们的极大尊重，同时，我将这些奋力拼搏的孩子视为当代英雄。这些孩子为了取得成功，不断遭到成人甚至自己的误解，不断受到创伤，却从不放弃。

这是一本跨教育学、神经科学和心理学的关于人脑的思维途径的著作，主要写给父母，对教师也大有益处。此书出版以后，受到家长和教育界人士的热烈认同，并随着作者的巡回讲演，在全美掀起了"列文旋风"。

在美国浩如烟海的图书市场，能够在重要图书排行榜上登过榜首的图书不过寥寥。2002 年下半年，一本论述全新教育理念和学习模式的图书迅速上榜，并长居榜首，这就是《破茧而出》。

为什么说表达性语言能力的责任重于泰山

阅读与写作、朗读与倾听、思考与讨论、朗诵与讲演，一以贯之、渐行渐远地一路走来，看云原以为只是循着母语学习的正道，顺应自然地培养儿童"属文的"思维和表达能力。可是在梅尔·列文看来，激发儿童的写作热情，培养儿童的表达性语言能力，其意义不仅关乎文科成绩，它更是全面提高儿童学习能力、促进儿童神经发展系统协调发展，乃至于培养具有稳定心性的成熟可靠的社会公民的重要途径。这种成熟可靠的社会公民的主要特征就是：能够主宰自己的注意力，具有自我控制的能力，拥有和谐的生活节奏。

埃普丽尔遭受着另一种注意力控制差的孩子常见的问题：写作对她尤其困难，用折磨描绘写作倒更准确。尽管她的观点新颖、笔迹秀美、语言流畅，但写出来却相当吃力。写作似乎对注意力控制有困难的孩子是个难以超越的威胁，因为写作需要很强的注意力控制来指挥大脑思维，将思想表达到纸上。你得缓慢下来，构思，组织思想，调整节奏，查看已经写下的内容，随时注意各种细节（如标点符号、拼写、大小写和语法），这些要求对于注意力控制较差的孩子是苛刻的，写作是孩子的思维必须指挥好的最大乐队。（《破茧而出》第 48 页）

输出控制，即所谓的预见、重视选择和调整节奏，都是为了使你放慢速度，成为一个深思熟虑的人。如果你既不预见，心不在焉（想什么就做什么），还加上速度疯狂，那你就赶上了典型的冲动型性格特征，就像克拉克那样日复一日具有破坏行为倾向。在很多方面，输出控制的任务就是让孩子慢下来，停下来，听听，想想，三思而后行。（《破茧而出》第 74 页）

节奏包括同时兼顾几件事情。学生面对众多的学习挑战，很多学习任务得同时进行。写作是个最好的例子……因为难以达到所要求的同步程度，许多输出控制差的学生觉得写作是一种既残忍又与众不同的惩罚。他们拒绝做作业，要他们将想法写到纸上显然令他们烦躁不安、坚决抵抗。（《破茧而出》第 74 页）

建立思想和话语互换的流程是学校最令人畏缩的要求之一。学生们苦思冥想，努力将思想演绎成文字，就像他们用文字表达思想一样艰难。他们尽力从听到或读到的文

字中发现思想，费力又繁重，因此就出现了语言系统。(《破茧而出》第118页)

父母应该意识到语言在孩子日常生活中无处不用。显然，它是与朋友、兄弟姐妹、老师、宠物和父母交流的手段。它还是阅读、拼写、做算术题和写作必不可少的因素。语言是记忆的亲密伙伴，把事实和思想翻译成文字有助于孩子记忆信息。语言是重要概念形成的原材料（比如，"种族和谐"或"道德行为"），语言甚至有助于内在控制孩子的行为，大家知道用内心说出矛盾冲突或诱惑常常可以阻止孩子的草率鲁莽和过激言行。(《破茧而出》第119页)

如果缺乏表达性语言能力，就容易产生侵略性行为、失望和过分焦虑的心理。我曾经参加过几次早期青少年犯罪的调查研究，结果表明特殊的神经发展机能障碍在这些孩子中间很普遍。令我们感到震惊的是，很多触犯法律的青少年存在表达性语言障碍，这种危险因素导致他们的堕落。实际上，特别是在两个年龄段，即学期班和青春发育后期，语言输出问题对侵略性行为和完全反社会行为有着不可分割的联系。所以表达性语言能力的责任重于泰山。(《破茧而出》第141页)

为什么君子动口而不必动手

表达性语言能力的责任重于泰山。中国有句古话叫作"君子动口不动手"。"君子动口不动手"的原因就在于君子拥有强大的表达性语言能力，他能够通过言说充分表达自己的内心世界，释放自己的生命能量。所以他不必也不想动手，他不会因为长期的浓缩和压抑而给自己和身边的人带来泰山压顶般的伤害和打击。

> 注意力有缺陷的男孩倾向于反应太快，而受影响的女孩一般动作缓慢。（《破茧而出》第 74 页）

在小学，男生书面表达能力似乎普遍比女生要弱一些，然而如果《破茧而出》的观点是正确的，那么写作对于男生是比女生更为重要和迫切的事情。比写得好不好更为重要的，是这些"皮猴子"是否愿意写，是否乐于学习并渐渐习惯用经过深思熟虑的语言有条有理地表达自己、释放自己。周复一周，年复一年，这种深思熟虑、有条有理的"写作心态"必将潜移默化地渗入他的日常行为，于是这孩子渐渐变得成熟稳重。况且，学习是需要大量消耗智力能量的。热爱阅读和写作的男生中间，极少有"有劲没处使"、四处攻击惹事的动乱分子，大约就是这个原因吧。

到今天我才知道，我们这个男生占多数的班级，之所以比较有安全秩序，学生尤其是男生对于写作的喜欢，也是一个重要原因。

教师这样说，并非否定音乐、体育、美术、舞蹈、手工、园艺、养殖，乃至数学、英语、自然等对于孩子的陶冶情操、修身养性的作用。让学生成为热爱阅读、热爱写作、乐于表达、长于表达的人，这是语文教师的分内职责。当各科教师展开魅力竞争，尽力让自己所授学科引人入胜的时候，那就意味着展现在孩子眼前的通往幸福的道路有很多。

为什么说测验之前告知题目、指导作文是可行的

周三第三单元测验，作文题目是"写一次你参加过的活动"。因为不懂得"开门见山，直奔主题，突出重点，详略得当"，小家伙们

捡进篮子都是菜，眉毛胡子一把抓，丢分很多。所以到了周四，教师并没有照例在"第一时间"发卷子，而是重写作文。

这是一个教训，以后测验只要出现可能写偏的新题，教师就须在考前预告题目，预先指导。"分分，学生的命根。"事关分数，学生一定听得声声入耳、字字铭心。一战而胜的体验中，必定充满成就感和拔节的快乐。这样既提高了效率，又鼓舞了士气，真是一举两得。至于"成绩的客观性"，我从来不当那是考试的目的。第一，既然预先指导是面向全班的，作文质量的总体提升与较出各人水平并不矛盾；第二，同一题目，未经指导的周三作文和指导之后的周四作文，哪一篇更真实？当然是后者。谁笑到最后，谁笑得最美最真实。我们此刻的笑容之所以生动，只是因为其中孕育了绽放在下一刻的更为生动灿烂的笑容啊。没有最真实，只有更真实。我们的工作之所以有价值，就因为我们能让赋予后来的更真实、更多美好。

测验原本只是手段，其价值在于能够激励学习、促进成长。学习和成长，才是唯一的目的。当事情变得本末倒置，当手段显得神圣庄严，目的被抛到脑后的时候，教学就开始走向非生命、反教育了。

> 学校应当是一个充满仁慈的地方。当学生不再把学校看成是一个坚硬残酷的审判机构时，他们可以更放松，并从学习中得到欢乐，从鼓励中获得不断学习的内在动力。我还记得，布朗大学美国文学教授告诉我们的话："这门课中，你将阅读的最重要的一本书，是期末考试两周后你看的那本书！"（《破茧而出》第355页）

为什么说"为考而考"没有错

《破茧而出》的作者把所有神经发展技能（即学习过程）归入八类别：注意力控制系统、记忆系统、语言系统、空间排序系统、时间排序系统、运动系统、高级思维系统、社交思维系统。看云以为，八大系统做如此顺序的排列很有道理，就学习而言，就人的素质而言，第一重要的，当然是他是否能够主宰自己的注意力，是否能够控制自己的行动乃至思维。"你知道吗？我一直在观察你，你从来没有喝醉过。所有人都醉了，而你不醉。这让人敬佩害怕。你拥有自我控制的能力，这是真正的权力。"《辛德勒名单》里，酩酊大醉中，那个杀人不眨眼的阿曼如此评价辛德勒。

> 要想取得成功，你必须集中注意那些能使你有所进步的事物。如果一个孩子不能区分优先次序，不关注有用的知识，而关心无聊的琐事，学习就落后。如果你女儿不能有选择地区分俄国革命中什么重要什么不重要，那她眼看着密密麻麻的章节，根本没法记住任何重要内容，她绝不可能记住全部。（《破茧而出》第58页）

> 你不能什么都学，你不能什么都记，你也不能使用所学和所记的一切。因此在听、读或者温习时，得搞清楚什么有意义、什么不相干、什么仅仅有点关联，这很重要。

> 生物和历史课有堆积如山的内容，如果你不决定哪些是重要部分，哪些不是，过重的负荷会将你压垮。像费利西亚这样具有输入控制问题的孩子，要他们考试、记笔记、总结或者寻找阅读要点，学习就得停止。

> 我建议费利西亚进行许多诸如画下画线以示强调，做笔记或概括思想等活动，换句话说，有意识地判断信息的

重要级别。有位辅导老师帮助费利西亚几次，让她读《华尔街日报》上的文章，然后将故事中最重要的画线。顺便说一句，费利西亚对金融兴趣极大，在孩子有热情的课题领域来加强他的感官能力，是一种良好的训练。她得解释为什么将某些字、词、句画线，而不是别的。在此之前，费利西亚完全没有意识到，在学习和阅读时还有必要停下来思考哪些是最相关的信息。训练提高了她的洞察力，使用下画线也成了她的习惯。

为了整堂课都得抓紧控制选择，和我一起工作的约翰·里利老师给学生一篇文章阅读，要求学生用 100 个左右的词写出概要。概要递交上来之后，他又还给他们，并要求就原来的概要再写一篇 50 个词的摘要。下一周，学生们被要求在 50 个词的基础上再写一篇 25 个词的摘要。在这个过程中，他一直强调决定众多信息重要性的相对级别极其重要。这是一堂了不起的学术课。（《破茧而出》第 61 页）

从前认为"单纯为了分数"而特地让孩子做应试训练是没有必要的，至于不少学生和家长感觉手足无措的阅读分析，我也一直告诉他们："不必单纯做阅读练习。多读书，读好书，阅读理解能力自然就有了。"

是的，是有很多孩子只要多读书自然就有了分析理解能力。可是人和人是不一样的，因为人和人的大脑思维模式是不一样的。在大多数孩子那里能够于兴趣盎然的阅读中自动生成甚至先天具有的分析综合能力，在另外一些孩子那里，却必须在自由阅读的同时，做适当的思维训练。训练方式就是在家长的督促和帮助下，做阅读分析题。这样做固然是为了提高语文成绩，同时也是为了使孩子能够适应将来的学习做准备。"工欲善其事，必先利其器"，没有装备精良的思维武器，没有源于天赋或者经过勤学苦练从而获得的纯熟精练到几乎自动化的把握知识要领、判断问题主次、找到解题途径的能力，要想在中学乃至大学轻松取得优异成绩，那是不可能的。很多人甚至一升入中学，就会被堆积如山的内容彻底压垮。

梅尔·列文称约翰·里利在课堂上带学生所做的事情是"了不起的学术课"，此话绝非过誉。

退一万步说，就算是"纯粹为了分数"而做这样的阅读练习，也是有意义的。下面的话对于很多人来说真的是一味解毒剂：

> 为测试而学习是健康有效提高思维的锻炼。不谈别的，积极准备或者满心期待某个重大事件来临，这就给孩子上了生动形象的一课。孩子们应当认识到，他们一生中将经历无数次这样的"测试"。（《破茧而出》第114页）

这就从注意力控制及思维训练说到了记忆系统。看看篇幅已长，以后再说吧。这是我第三次说"破茧"，如果朋友因此而有了"啃茧"的冲动，那我就太开心了。

我重视考试。我喜欢将测验小结放置在"他们一生中将经历无数次这样的'测试'"的大背景下进行。

为什么要追求节律

> 《早晨的空气》是一首很好听的曲子。九月份，我们一直听《春野》，这个月就要一直听《早晨的空气》了。上一年级时，薛老师就给我们听过这两首曲子。转眼间两年过去了，如果不是重听，也许我会渐渐忘记，只知道这

是班得瑞的电声音乐。（方子妍《好听的音乐》）

为什么要在一个月里反复听一首曲子？这是出于对节奏的追求。为什么要在作业时间里听《春野》？这是因为对比活泼灵动的《早晨的空气》，《春野》更是"背景音乐"，柔和的旋律，舒缓的节奏，温馨和谐有如大地的呼吸，油然润泽有如春之夜雨。它一点也不打扰你的工作，却能把静谧、愉悦输入工作及工作者的心胸。

简单的事情反复做。

蒙台梭利认为：这种连续反复的活动几乎能像魔杖一样叩开儿童天赋的正常发展之门。这种活动要求将受心理指导的手的运动专注于一项简单的工作上。能够集中精力完成一件事情是儿童心理发育成熟的标准，当儿童全神贯注地摆弄某件物体的时候，他的心理处于一种和谐、满足的状态。当儿童不知疲倦地从事他的工作，心理正发生着新陈代谢，而这种新陈代谢与他的生命和发展息息相关。

节奏就是成熟的标志、力量的标志，强大的自我形成的标志。

儿童的学习是辛劳的，当秩序在内部生成，节奏在内部形成，学习就变得从容优裕、忙而不乱。因为在节奏中，人和事情、人和环境是打成一片、和谐融通的。

工作的价值，在于形成具有丰富精神的个人。学习的目的不是为了获取知识，而是经历一种精神成长的体验。

每周的学习从朗读开始，每周四的读书课，还有日有所诵，还有每月一曲，这些都是对节律的追求。

音乐的作用仅仅是休息和生成秩序吗

在一年级，音乐主要用于生成秩序。当秩序已经生成的时候，音乐已经不知不觉融入班级内部，成为"教室空气"

不可缺少的"氧分"。只要连续几天不听音乐，教师自己也会觉得难受，从耳朵到心灵都有说不出的生涩和焦躁。

神经发育机能存在排序障碍的学生按顺序安排事情有麻烦，按最佳顺序完成任务也有困难。如果你孩子上一年级，你会目击孩子穿衣服毫无秩序，她先穿一只袜子，然后穿上一件汗衫，接着再很快地穿上另一只袜子，接着再胡乱地穿上别的外衣。这种秩序感的缺乏有可能是今后学习顺序杂乱无章的早期警示。

生活在时间的隧道里，我们得具备安排时间、估计时间和意识到时间流逝的能力，这能够让孩子判断自己是跑在前面还是落在后面，有助于他在最后期限之前完成任务，并很好地应付转折。学生应该对时间稍微有所了解，认识到周二得交读书报告，这就不可否认地意味着他必须读书！（《破茧而出》第158页）

小时候节奏感强的游戏和歌曲可以增强时间意识。歌曲和字母韵律，每年12个月和其他实际顺序都特别有效。一般来说，音乐对于促进排序效果更好。（《破茧而出》第168页）

上周五上午，我们用整整一堂课时间听《梁山伯与祝英台》，听完一遍回头又听，直到下课。这也是一年级时候给学生听过的，当小黑板挂上墙壁，当"小提琴协奏曲·梁山伯与祝英台"亮在他们的眼前，教室里响起了亲切的欢呼声！

十八相送啊，楼台相会啊，缠绵缱绻啊，柔肠百结啊，几多感慨，几多往事……记不得多少回了，一个人躺在床上，拉上窗帘，闭上眼睛，眼睛上面还要盖一条干净柔软的小毛巾，只听得身与乐化，泪雨缤纷。

和孩子们一起听，又是另一种感觉：多了些润泽，少了些伤情。最难得的，是那种妙不可言的心灵共振。是音乐滋润了童心，是童心滋润了音乐，是童心与音乐水乳交融，一起滋润了教师的身心。清风习习，晨曦初现，当第一缕阳光慈祥地照临双蝶颤动的翅膀，教室里的空气也在温柔灵敏地颤动。

"整整一堂课！你可真奢侈！"同事小安说。

奢侈是必须的，奢侈就是为了让节奏慢下来。这是学习的需要，也是生命的需要。

> 飞速的教学节奏完全有悖于学生的大脑发展。输出控制在呐喊，宣布它们存在的目的是促进有思想、有条理的工作，这是青少年和中学生的基本任务之一。我想我们应该奖励花尽量多时间将事情做好的青少年。大部分测试不应该限时，另外应该尽量让学生做好，也许剩下的任务可以放到别的时间去完成。输出控制正尽其所能减速思考，作出决定和输出，尽其所能帮助孩子多思考少冲动。因此中学教育应合并成一个主要目的：教育孩子如何慢慢地工作，那是他们正在发育的大脑想对我们倾诉的。（《破茧而出》第98页）

一方面要在音乐中培养孩子的秩序感和时间意识，为的是高效有序地完成学习任务；一方面要通过音乐让孩子的大脑获得松弛，为的是让孩子慢慢把事情做好，而不是心浮气躁、一味求快。矛盾吗？不矛盾。世上就没有一边倒的绝对真理。所谓真理，是佛的中道、儒的中庸，是音乐的大雅中和。

一位禅师听到了一阵悦耳的琴声。走近一看，是一个年轻人正在弹琴。

"你的弦拉满了吗？"禅师问。

"没有。"

"那么，你是把它放松了吗？"禅师又问。

"也没有。"

"那么你是怎么调它的？"禅师明知故问。

"不松不紧，才能奏出美妙的音乐。"

记忆能力有多重要

要在学校取得成功，大量紧张的记忆不可避免。实际上学习比我们知道的任何职业所需的记忆量都要大。学生必须存取大堆大堆的事实、技巧、各科中不相关的概念。数学程序、单词拼写、历史日期、外语词汇、化学符号和原子量，全都得塞进年轻人拥挤的储存仓。为了达到这个要求，教育对神经发展机能不断施加影响、压力，共同造就了记忆能力。

记忆是一个复杂的多部门运转的过程，它在大脑不同部位进行，其中有很多部位神经学家尚未定位。要不是研究记忆的要素，我们对记忆便一无所知。经解释或演示，孩子也许能够理解事实、过程或者概念；但如果没有记忆，这一切就无法获得和运用。没有记忆机能的适当协作，学习意味着失败。一个七年级的学生可以完好地理解老师所解释的光合作用步骤，但是如果他不能适当储存起码是总的看法，这堂课就失去了价值。在孩子上学过程中，记忆的压力随着课程的增加不停地加大。许多学生在其他方面都很机敏，只是不能忍受记忆的重压。太多时候，我看到记忆能力减弱的孩子被打上"愚笨"或"迟钝"的烙印，实际上，他们拥有杰出的智力，只是信息归档系统有缺陷。

世界上有多少孩子为自己学了却不能记住而伤心沮丧，又有多少父母眼睁睁看着孩子事倍功半地勤学苦练而心疼不已。哪个出类拔萃的尖子生不是记忆力超群的家伙？理解力和记忆力实在是不能分割的一体，它们互为花朵与土壤，互相催生与培植。你怎能声称在你是东耳听西耳出的知识自己是真正理解了的？你也不可能牢牢记住你完全不懂的东西。一旦牢牢记住，理解已经在潜意识和经验流中自动"发酵"。所谓死记硬背，即使当时不能完全理解，或者完全不能理解，牢牢记住之后，也能在今后的日子里逐渐理解或豁然顿悟，而理解和顿悟往往又是在不知不觉中自动实现的。人脑并非物理世界的储藏室，记住的东西并非彼此毫不相干地放置在头脑的仓库里，人脑具有对记忆内容做自动的加工、交融、升华的潜能。我们记住的内容，不仅增加了大脑中知识的容量，也在改变着大脑的质量。

然而这并不能成为我们恢复私塾式的死记硬背的教学方法的理由。今天的孩子需要学习的知识实在要比过去的蒙童多得多，自然科学更是必须以理解为中心，一旦死记硬背大行其道，那将成为一场灭绝智慧的灾难。

无论如何，那些记忆力超群的孩子，是幸运的。对于那些总也记不住的可怜孩子来说，如果有办法提高和改善他们的记忆力，该是多么好的一件事情。

记忆有哪些类型

我们的思维储存点可以便利地分成短期记忆、积极记忆和长期记忆。

短期记忆考虑对新知识的短期保存（通常大约是两秒钟）；而长期记忆差不多是永久不变的知识仓库，它是你的硬盘。长期记忆是你储存姓名、地址和电话号码的地方，更不用说普通的单词拼写、数学数据和非常重要的国家首都。长期记忆使用精细且错综复杂的归档系统。

短期记忆是学习的前门。培养儿童记忆能力，第一要从弥补短期记忆的漏洞开始。东耳听西耳出，听了忘了的根本原因就是短期记忆存在漏洞。

短期记忆可充当思维的一道驿站。当相当多的数据进入思维时，我们可以将它们送到长期记忆区备用，可以立即使用然后忘掉，还可以使用之后再存起来将来用。或者，我们也可以丝毫没有利用，就完全忘了这条信息。这样的选择是在极快的速度下实现的——当然，如果你要算长度的话，还不到两秒钟。可以在短期记忆中用几种方法演化资料的生命：压低嗓子耳语，用思维之眼构思图画。

短期记忆简短是件好事。它必须短点，因为不断有新的信息流在争夺有限的思维空间，所以信息很快进入并离开短期记忆，为源源不断的新信息腾出空间。有些短期记忆机能不良的孩子记录有困难。对有些孩子来说完全是自然的、近乎本能的过程，对另一些孩子就得明确地教会。也许我们都有一些机能是本能运转的，而有一些机能是必须正式教会的。

长期记忆了不起的挑战是系统地存放信息，放在以后最容易找到的地方。因此长期记忆包含两个步骤：归档和存放。随着孩子学习和生活的进步，从长期记忆存取信息应当变得越来越迅速容易，这就是大家知道的自动进步。有很多东西实际上学生不用动太多脑筋就能立刻得到。如果一个学生得停下来使劲想基本数学公式，那么要解一道七年级代数方程式得花费太多时间。很多孩子数学停滞不前是因为他们不能自动地回忆起公式和步骤。

父母如何帮助孩子训练自动性记忆

父母可以也必须帮助自动性迟缓的孩子，恐怕唯一的答案就是苦练基本功。不管是数学公式、单词拼写，还是键盘操作，都得强制孩子晚上多练习，没有比熟能生巧更正确的。如果孩子缺乏自动性不予重视，到中学甚至更早，他就会感受到打击。自动存取是这些孩子的必需。总之，学校不具备开发自动性的资源，理想的方法是家长在学校的建议下进行才切实可行，最终是一分耕耘一分收获。

如何减少焦虑对于积极工作记忆能力的损害

孩子也将材料插入大约位于长期记忆和短期记忆之间的积极工作记忆。积极工作记忆中的信息停留几秒钟、几分钟或者几个小时，不像短期记忆那么简短，也不像长期记忆那样永久。积极记忆是当你需要暂时记住马上要做的事情的不同要素时启用的记忆。积极记忆是活动的多种目的和要素停留的地方，一直到活动结束时它们都得坚持岗位。因此积极记忆对在校学习起着重要的作用。

积极记忆迫切需要思维的平和。焦虑像电脑病毒那样影响记忆。无论你发觉孩子哪方面出现了问题，都不能大惊小怪，至少要做到内紧外松。孩子是敏感的，父母的焦虑一旦传染给孩子，将使原本沮丧的孩子更加惊慌自卑，大脑的屏幕就剩下一片乱糟糟的雪花点了。

主动记忆和无意识记忆有什么不同

还有几种记忆的差别，家长值得注意。最具欺骗性的是主动记忆和无意识记忆之间的不同。主动记忆是你有意识地打开能源的记忆，是学生为了考试，努力将事实或概念贮入仓库的记忆。相反，无意识记忆是没有打开点火装置的记忆。如果我问你昨天晚上吃什么了，你不要记忆，因为未经思考已经消化。学习活动应当是主动记忆。学生应该擅长有意识地大量记忆新的信息和技能。

插话记忆和语义记忆有什么不同

插话记忆是记忆生活事件的细节，是一种传记式的储存。语义记忆是正式学习内容的记忆，主要是在校所学知识和思想的仓库。

有些孩子插话记忆如潮水喷涌，而语义记忆只能挤出点滴。这种对比如此鲜明，似乎这两种记忆能力是一种相反的依存关系：一种多，另一种就少。有意思的是，注意力控制弱的孩子插话记忆强，这种现象尤其常见。

曾经有一位父亲找到学校。"我们孩子的记忆力、理解力其实很好，《包青天》情节够复杂了吧？才一年级，她就能把事情的来龙去脉说得清清楚楚。怎么到了课堂上，面对作业和考试就变呆了呢？"这位父亲的意思很清楚，他在责备学校和老师，认为孩子成绩不佳的责任在于学校教学不像电视剧情节那么引人入胜。我记得当时那位老教师拊掌大笑说："这就对啦！就是因为她记那些乱七八糟东西的能力太强了，所以到了课堂上，要记忆和理解知识性、思想性的内容就不行了，有意义、有价值的东西都装不进去了。"现在想想，那位老教师凭直觉脱口而出的话是很有道理的：那个孩子学习吃力的原因，就是因为她长于插话记忆而弱于语义记忆。

如何培养儿童的语义记忆能力和理解能力

孩子从小就应该不断积极地读写，也就是说，不只是为了完成作业，而是通过字词句、字词互换、辩论、复述、概要等文字活动，精力充沛地与主旨大意进行坚决的斗争。应该多给他们提供口头交流的机会，餐桌边，汽车里，以及其他任何可以详细谈论智力问题的地方都可以用。除了课本，他们还得阅读和讨论报纸杂志。在家大量的讨论可以使他们自然地向高等语言过渡，避免疯狂的语言急流给他们造成创伤。还应该减少非文字或抗文字的活动，如录像游戏和电视等。（《破茧而出》第 124 页）

这段话摘自第五章"文字表达的方法：语言系统"之"基础语言和高级语言"，说的是父母如何培养孩子的高级语言能力。看云以为，这也是增强孩子语义记忆能力的好方法。

提高语义记忆能力、理解能力还有哪些方法

学生应当掌握记忆技巧，并将其纳入学习计划。最好的记忆方法是用某种方式转化信息，变化记忆。如果是视觉的，变成口头的；如果是口头的，绘成表格或图画。大量使用列举、表格、图形和其他策略，使你像海绵一样完整地吸取主旨大意。另一种改变输入的方法是详细说明，将新信息与以前的学习和经历联系起来，然后用几个知识类目归档新信息。"这个与什么相符或者这使你想起什么？"的问题是记忆的关键。你转化的形式越丰富，你所联系的知识越多，积极记忆就越容易达到。

鼓励孩子在阅读时训练积极记忆，这会让他们受益匪浅。他们可以用下画线或用荧光笔标出文本中重要的内容以便帮助记忆或日后查找参考，然后再回头对着收录机进行口头概括。

如果能很好入睡，长期记忆归档会达到最佳效果。就寝前的几分钟至关紧要。一个学生不应该先学习然后给好朋友打电话，而应当先打电话给好朋友，然后再学习，接着睡觉。这样的顺序能够使记忆内容在睡眠中达到理想的巩固效果。

注意力和记忆是同胞。当你注意力不集中，就难以记住。凡是有助于提高注意力的措施，也有助于提高记忆力；凡是有助于提高记忆力的措施，也必有助于提高注意力。因为非聚精会神不能准确无误地背诵，所以背诵的过程也是"练法"的过程。所以我说"日有所诵"所发展和培养的，是儿童的语言能力、记忆能力，同时也是儿童聚精会神的能力——主宰自己注意力，成为自己主人的能力。

"下画线，读三遍，动笔写，说和演。"

今后在课堂教学乃至朗读课上，看云会经常提醒孩子集体实践这12字口诀。当这种有意识的提醒和操练次数够多的时候，或早或迟、或多或少，总有一些孩子会将今天交给的方法，接到手里，融入习惯。通过反复提醒和练习，有意识将内化或者升华为无意识。不动笔墨不读书，不发念诵不读书的"自动化"一旦实现，主动记忆和积极学习，将如呼吸一样自然。

如果光靠教师，将有几个孩子实现自动化；如果家长动起来，将行动一个改变一个，虽然改变的程度各有不同。

"总之，学校不具备开发自动性的资源，理想的方法是家长在学校的建议下进行才切实可行。最终是一分耕耘一分收获。"类似的话书中随处可见。归根到底，《破茧而出》是一本家教之书。

语言能力为什么特别重要

《破茧而出》的作者认为：

父母应该意识到语言在孩子日常生活中无处不在。显然，它是与朋友、兄弟姐妹、老师、宠物和父母交流的手段。它还是阅读、拼写、做算术题和写作必不可少的因素。语言是记忆的亲密伙伴，把事实和思想翻译成文字有助于孩子记忆信息。语言是重要概念形成的原材料（比如，"种族和谐"或"道德行为"）。语言甚至有助于内在控制孩子的行为，大家知道说出内心的矛盾冲突或诱惑常常可以阻止孩子的草率鲁莽和过激言行。恰当的语言能使孩子和同学进行积极的而不是敌对的感情交流，使同学关系融洽。

语言垄断了所有文科的学习内容。文字要求也不太明显地侵入其他学习领域，比如用文字帮助理解数学，尤其当数学和直观要求结合的时候更是这样。描绘并画出圆的半径和直径，使半径和直径的区别在孩子思维中更加清晰明了。谈到体育，语言甚至也渗入比赛当中，从理解教练急速的口头命令到与队友或对手简捷的交流都离不开语言。

缺乏语言灵活性的学生远远落后在擅长表达的同伴后面。那些拙于表达的非语言思想家常常受困扰、被误解，甚至遭诽谤。神经发展机能有障碍的孩子受语言能力的局限，缺乏语言工具赶上班级节奏。我们的社会也无意中歧视并惩罚这些无辜的孩子。

缺乏语言能力的孩子前程黑暗吗

看云以为：仅就社交而言，语言能力固然重要，但存在语言机能障碍或者不爱说话的孩子，并非前程一片黑暗。无论是在儿童世界还是成人世界，都有很多不善言说的好人，靠了他们的真诚和善良，赢得大家的尊重和喜爱。也有很多孩子，什么都知道，什么都会说，只是不想说，写作和各科成绩也不错。只要他们自己觉得开心，教师没有必要强迫所有人都成为演说家。事实上，我们身边有很多大大小小的饶舌夫、贫嘴婆，是令人厌恶的噪声污染源，如果他们能够免开或者少开尊口，我们会更加感激他们。毕竟，行动比语言更重要。当然，很多时候言说就是行动；特殊时候，沉默就是最有力的行动。

无意识语言和文学化语言的区别是什么

无意识语言和文学化语言之间有着极其重要的差别，而这种差别通常被父母和老师忽略。无意识语言是在公共汽车站、午餐室和购物商场讲的语言。这是每天善意的逗笑和个人之间的行为，这种隐语方言倾向于具体的表达，且大多用常用词（所谓的高频率词）。

文学化语言除了包括阅读写作，还包括复杂的课堂讨论所用的语言；这是一种在研究和详细阐述像"预期过程"和"能量资源"这样的概念时所展示的文字才能和演出技巧。这是离开上下文的研究，即抛开每天熟悉的背景环境，处理类似中国近代四大朝代间的主要差别，而不是"周末我最想做的"这样的问题。

有些孩子说起话来像午夜非正式闲谈节目的主持人，谈吐诙谐自然、令人愉快，却无法涉及正式的学习语言文字。他们的无意识语言如此清晰流畅，却没有文学化语言能力。给他（阿诺德）读一个句子——"琳达的狗追着小猫逃走了"，然后问他谁逃走了，他回答"小猫"。这样回答，只是因为名词"小猫"距离动词"逃走"更近，这种简单的曲解在存在语言障碍的孩子中很常见。阿诺德在读和听的过程中，不能将语言块储进短期记忆和积极工作记忆，他在阅读和聆听的时候完全迷失了方向，忘记了自己正在专心阅读的内容。阿诺德能够和别人轻松交谈，主要是靠敏捷的社交意识帮助猜测到别人在说什么，并做出相应的回应。这就巧妙地掩饰了他在接受性语言和文学化语言方面的机能障碍，只有通过专业测试，才能揭示出问题的严重性。

文学化语言有缺陷的孩子似乎注意力也有缺陷。他们放弃努力是因为他们理解困难。在艺术课或者地理课上，阿诺德能够专心致志，可是当他学习词语的时候，他就封闭住自己，不是开小差就是东捣西截地影响同学。阿诺德的注意力控制被语言关闭了，这不仅仅是注意力缺陷，而是他的注意力没有得到有用信息的回报就放弃了，这可以理解。

文学化语言有缺陷的孩子往往表达性语言能力大大强过接受性语言能力。可是，由于对文学化语言、抽象语言和高级语言的接受能力和理解能力极其有限，这些孩子的表达能力终将被禁锢在无意识的、日常的、肤浅的层面。

看云以为：即便是在完全轻松、没有记忆和理解压力的朗读课上，也能清楚地看出存在于学生中间的文学化语言能力的巨大差距。那些弱孩子，之所以不能参加讨论，甚至在同伴会心一笑的时刻一脸木然，只是因为他们无力听懂问题，无力理解文学化语言的妙处。这种孩子，往往是主持人和嘉宾之间彼此开涮逗笑的综艺节目和所谓的轻喜剧的热心观众。这类电视有一个共同特点，就是从头到尾充斥着"导掌"——导演制造出的掌声和笑声。这实在是对观众智力的公然侮辱：它明白无误地告诉你："你该笑了，这里很好笑！"试想，将大量宝贵时间浪费在这上面的人——无论成人还是孩子，怎能不渐渐丧失积极思考的能力，渐渐成为专门吞食垃圾情节、垃圾语言的垃圾箱？西方人称过度沉迷于电视节目的孩子为"土豆"。原本文学化语言能力就弱的孩子，置身于低级庸俗的无意识语言的洪流，渐渐退化的不仅是思维能力，还有身体活力，他们越来越懒得动脑、懒得动身，成为连动物都不是的"土豆"。

具体语言和抽象语言的区别在哪里

具体语言的含义直接来源于我们的感觉，它描绘我们能够绘画、触摸、嗅或者听到的东西。像"猫""香水""香料""喧闹"等词就是具体词汇。抽象语言是不能通过感官渠道直接译解的语言，它不会触动你的感官体验，它包括像"精华""讽刺""象征主义""运动员精神"这样的术语，没有即刻的视觉感受（除非用比喻、类比或个人经历来加以解释）。随着孩子年级的增长，越来越多的语言输入是抽象的，与直接的感官传动没有联系。

对于抽象语言缺乏的孩子，你可以和他分享日常生活的具体经历，这时候他可以说得眉飞色舞，可是，如果你想组织一场关于阅读的讨论，你必须落下他。因为他的思维只能停留在具体的生活、具体的世界。

升级的抽象术语遍及科学、文学和数学，那常常导致很多存在语言机能障碍的学生兴趣下降。当然，除非他们自己明确问题，在个人小词典上记上难懂的抽象词语，定期复习。

看云以为：文学化语言、抽象语言及高级语言能力的缺乏，根本原因在于早期家庭教育的失误。蒙台梭利的观察显示：儿童在三岁左右学会说话，完全能够使用自己的语言表达自己的日常需要。这个年龄的儿童对词汇有一种特殊的感知力，将会学到许多新词汇。在这个时期，儿童好像患上了词汇饥渴症，学习起来不知疲倦，学会的词汇不易忘记，在以后的岁月里，儿童能够很流利地使用这些词汇。可是到了下一个发展阶段，情况就不同了，儿童的发展方向转向其他能力，学习词汇变得困难起来。所以儿童学习语言的最好时期是3~6岁。这时候，日常语言已经远远不能满足儿童对于词汇的渴求，怎么办？大手小手同捧一本书，为孩子读起来。三岁之后发生的对于新鲜词汇的渴求，其实是儿童天赋向成人发出的精神饥饿的呐喊，朗读、阅读，最迟也要从三岁开始。亲子共读，这是阅读能力的播种和培植，这也是文学化语言能力、抽象语言能力、高级语言能力乃至接受性语言能力和表达性语言能力的播种和培植。

看云以为：教师在教室里组织起来的关于阅读的热烈讨论，对于教室里的每一个孩子，都是一种强劲的唤醒，如果做得好，班级可以成为孩子另一个温暖的家，在这个拥有众多兄弟姐妹的大家庭里，孩子将能够得到在父母那里永远得不到的精神培植和语言滋养。对于孩子来说，没有比听到同伴的精彩发言更能激活他的阅读欲望和思维潜能了。

基础语言和高级语言的区别是什么

基础语言是大部分基础的或者低级的语言，常常是很字面的词语，但很实用，直接切中要点。高等语言更抽象，更有象征意义，技术含量更高，所包含的思想信息更密集，更具推理性（不表达全部蕴含的意思），更加模棱两可，更有可能反映一个独特的思想观点而不是一个彻底的事实。诗歌蕴含象征，社论表达思想，哲学和政治评论浸透着从不向读者挑明的暗示。孩子上了中学，就得进入这些高等语言领域。升降机慢慢上行，让他们领略更高层次的思想复杂的作品。高等语言为追求复杂思想、谈论复杂思想开辟了道路。高等语言能力还使得外语学习变得更容易。

通常第二语言学习遭遇不顺的学生第一语言就藏匿着某种神经发展机能的障碍。公正地说，在第一语言读写没有过关之前最好别学第二语言。

著名的演讲和语言病理学家伊丽莎白·威格博士，把开始运用语言的青少年向高等语言戏剧化的转折形容为学习的工具。还有证据显示，9岁到13岁是大脑语言区域快速发展的时段。

看云心得：一般情况下，9岁的孩子正念四年级。2007年9月以来，直觉一再告诉我：仅仅两个月暑假过去，孩子们的思维水平已和三年级大不相同了——变化是普遍性的。

几乎不用教，大多数孩子都能把读后感写得有模有样。而且，他们乐于写、乐于和大家分享自己的读书心得。最初的读后感，其实就是概述故事内容，就像看云现在做的这样。可是，这就是有意识地深入阅读和积极记忆。为了编织一篇内容完整且有高潮、有重点的故事概述，学生必须将读过的书再读一次，必须对可能进入文章的内容进行选择和组织，这就是总结，这就锻炼了孩子的记忆力和理解力。

随着阅读的深入，随着时间的推进，迟早会有孩子就一本书发表自己的看法。班级是一个整体，一枝红杏带来的，乃是满园春色的好消息。这时教师只要稍加鼓励，学生就会一个跟一个地尝试着就一本书说自己的话。"说自己话"的前提，乃是更加深入、更加充分地从书籍里面汲取营养和力量。这就意味着他们向着符号世界——向着文学化语言、抽象语言、高级语言的世界里伸出坚定而稚嫩的根须。在这一过程中获得的语言能力，绝不仅仅属于语文，也不仅仅属于文科。这其实是一种超越，是在衣食日用之上的对于平凡生活的超越。

而这种变化之所以能够发生，这种超越之所以能够期待，原因有二：一是"内在导师"对于儿童精神发展的准确无误的指引，二是此前大量阅读为突进所做的充分准备。读书心得汇报和图画书朗读交叉进行，既是教育连续原则的体现，也是为实现儿童语言能力、思维能力、表达能力的发展提供温馨适宜的环境。

9岁，四年级——怎么这么巧！

接受性语言和表达性语言的关系怎样

接受性语言包含孩子对文字交流（口头或笔头）的理解。这包括能够轻松理解幼儿园老师讲的寓言故事的寓意或听懂小朋友的双关语。表达性语言是生产性语言，是将思想翻译成字词、句子和更长信息的手段。这种能力在辩论中表现为，学生把闪光的思想或起码是合理的想法表述成锐利的话语。接受性语言供我们阅读，表达性语言是写作的编码。

毫无疑问，随着年级的增长，对一些令人深思的观点的理解，有助于学生将这些思想翻译成自己的话语。那就是说，表达性语言能够加强接受性语言的效力，那些怯于表达的孩子需要更强大的语言武器来增强自己的信心，更好地与人交往，更好地应对不可避免的生活压力。

过去我们认为，如果一个人接受性语言敏锐，那表达性语言会同样不俗。然而现在事实证明，一个人的接受性语言和表达性语言存在极大差别，而且这种现象很普遍。喜欢言谈而不善于理解的孩子，应当努力成为一个理解更准确的听众，鼓励他们多看书，多参与语言交流，提高接受性语言能力。小时候应当多听磁带故事，长大了，应该限制看电视，如果看电视过度，孩子太依赖视觉信号获得提示，会加剧接受性语言障碍。

看云以为：课堂上过分热衷于自我表现的孩子，可能在接受性语言方面存在缺陷。专心致志听取并理解别人发言，这是个体精神成熟并强大的标志，这需要足够的耐心、虚心和足够的体察力、理解力。

表达性语言能力水准固然取决于接受性语言能力的高低，但我们不能因此把接受性语言和表达性语言的关系比喻成泥土之于花朵。语言输出是记忆的润滑剂，也是理解的催化剂。精雕细刻的写作和字斟句酌的发言将使你的理解力、记忆力获得可靠的提升。"说通及心通，如日处虚空。" 班级中那些积极讨论、乐于分享的孩子，他们一方面激活、净化、凝聚了教室里的学习气氛，一方面用他们热切而富有勇气的声音为自己打通了思维的回路。再怎么可能遭到偏心偏爱的指责，我也要承认：班级里那些既善聆听又爱发言的孩子是我的最爱。他们是集体成长的功臣，也是教师进步的推动者。《论语》有云："时然后言，人不厌其言。乐然后笑，人不厌其笑。"这应当成为父母教给孩子的信条。

一切写作都是言说。比较口头方式，写作是获得语言能力的更为艰苦、更为有效的修炼。在写作过程中获得提升的，是表达性语言能力，也是接受性语言能力。

要想获得高层次的表达性语言能力，只有充分运动自己的口头肌肉、手部肌肉、精神肌肉，每天坚持读、坚持说、坚持写。除此之外，再没有别的办法。

父母如何培养孩子文学化语言、抽象语言、高级语言能力

家庭生活应当延伸文学化语言、抽象语言和高级语言的边界。指向具体生活的闲聊，固然可以活跃气氛、联络感情，但决不能让这种低层次的"务实"的话题成为家庭交流的主宰。父母应当是优质书刊的阅读者和社会问题的思考者，父母有责任引导童心远离或者超越家庭琐事，使孩子成为志存高远、心胸开阔的人。关于生态、关于战争、关于教育、关于文学欣赏、关于社会公正……这些指向高处和远方的"玄谈"不仅能培养孩子的语言能力、提升孩子的思维品质，而且能从内部激发孩子对于高尚生活的向往。孩子将成为怎样的人，很大程度取决于日复一日的餐桌谈话。

读故事、听故事优越于看电视的好处在于：在读和听的过程中，孩子大脑中发生着这样的事情——凭借语言在头脑中形成视觉图像，继而靠着记忆和联想，在图像之间建立起时间和空间的顺序，从而将语言演绎成富于个人特色的生动有趣的故事流。"一百个读者就有一百个哈姆雷特"，这话在读故事、听故事的孩子那里也一样是适用的。将读到的文字、听到的声音翻译成属于自己的故事流的过程，在每一个小孩子那里，都是一次具体而独特的精神创造。正因为如此，所以面对影视，我们才会感叹"这正是我心中的王子"或者"这不是我想象中的灰姑娘"。

电视带给孩子的声画刺激，一方面悦耳绚丽，令人难以拒绝；一方面形象固定，堵塞了孩子想象创造的可能，继而剥夺了孩子凭借语言进行创造性思维想象的快乐。

对于过早淹没于电视节目，没有机会听到父母朗读的孩子，电视毁灭性的害处在于：它使孩子的大脑彻底放弃主动运转，孩子必须借助于声画的提示才能进入故事、看懂故事，不必思考从而永远无力思考。

大约每个班上都有这样的让人扫兴的孩子，再精彩的故事、再有趣的图画书都不能令之眼睛发亮。他们已经不能"仅靠"语言听懂故事，看到属于自己的电影。他们甚至不能将"独立""静止"的图画在思维中联系起来、流动起来，演绎成有声有色的电影。

作为基础能力的语言能力，在他们那里，从根子上就是极其脆弱的。

社交失败的孩子为什么可怜

注意力控制系统、记忆系统、语言系统、空间排序系统、时间排序系统、运动系统、高级思考系统、社交思考系统是决定学生学习能力的八个神经发展系统。社交思考系统位居第八意味着它是既重要又不重要：对大多数或绝大多数人来说，社交能力是重要的；对少数特殊英雄来说，社交能力是不重要的。

以下是看云就梅尔·列文关于社交思考系统的观点综述。反复出现的"你的孩子"，其实是在反复强调关注孩子社交能力是父母的责任。

其实孩子彼此之间往往是非常残酷的。他们恶意的行为话语往往发泄到可怜的同伴身上，就因为这些孩子缺乏社交机能，不知道如何建立有意义的友谊，不知道如何在学校和邻里中赢得好名声。

你的孩子回到家里，像被解雇的成人那样萎靡不振，很可能你的孩子在与人交往中已经受到深深的伤害。这种伤害势必耗去孩子大量的心理能量，从而影响学习。富有成效的学习和思考需要平和愉悦的心境，一个每天处于羞辱、拒绝和孤立之中的孩子是很难进行专注高效的学习的。而学习成绩的下降，又必然使得孩子在教室里的处境更为糟糕。

多种原因导致学龄孩子社交的失败，外貌难看、自信不足、可信度差都可以发挥作用。其中最重要的是孩子社交能力的缺乏，比如说话不恰当，不知道体察别人的感受，言行举止甚至手势让人感觉不舒服却毫不察觉，总是侵占别人的时间，总是冒犯别人的空间……需要强调的是，社交思考系统存在缺陷的孩子往往注意力控制系统也存在缺陷。

面对这些可怜的孩子，父母应当给予的是安慰、疏导和有的放矢的帮助。如果孩子遭到同学的愚弄和欺侮，父母有权利和责任通知学校。如果学校没有反应，家长必须诉诸校委员会。如果情况更糟糕，可以考虑采取法律行动。

什么是社交能力的三大任务

孩子的社交能力担任着三大任务。

一、建立有意义的友谊。大多数情况下，男孩通过参加活动结交朋友，而女孩之间的友谊却往往不会在共同活动中形成。女孩更多选择可以分享内心感情和交流起来感觉舒服的人交朋友。有一个"我最好的朋友"是一件令孩子满意的事情。孩子为有这样的一种关系而感到骄傲，常常把"我最好的朋友"当成自己收藏的珍宝。朋友是孩子社交政绩的徽章，是抵御孤独、抵御缺乏自信的长期安全保障。

二、赢得好名声。或许你的孩子渴望受欢迎胜过世间一切。这一动机构成社交的第二大任务。这不同于友谊，因为名声包括在一个庞大的伙伴圈内是否有个好名誉。可能你的孩子没有牢不可破的友谊，但却广受欢迎；也可能你的孩子具有非常牢固的友谊，却并不为熟人所喜欢。受欢迎的孩子利用他们的语言和行动，优雅得体地与人交往，几乎能够成功地做好任何事情。相反，那些遭拒绝的孩子不知何故传达错误信息，犯了一系列的社交错误。连续一整天受到社交挫折的孩子，回到家里往往残酷地对待自己的小妹妹，或者与父母争吵。这些孩子惊恐烦躁，痛苦压抑自己已经一整天了，回到家里必须发泄出来。

三、政治使命。童年是讲政治的。孩子得有自己的立场，得做出有利于一方的反应帮助或者伤害他们。他们得判断哪一方有势力，并且影响这一方。他们常常和几个孩子结合在一起，形成建设性的团体，他们这样做的时候往往是无意识的。最初的政治活动是兄弟姐妹之间的争斗，家人之间的权利之争，因为孩子都希望自己能够得到父母特别的喜欢。

老师是以学生每天的表现来评价学生的。父母要在适当的时候告诉孩子，与老师打交道可以获得最长久、最有力的政治经历。实际上，小学低年级孩子把老师看成父母的代理人，而到了中学则把教师看成评价者，看成是有影响力的人物。因为老师不断地奖励你或者贬斥你，老师的位置拥有政治权利，所以明智的做法是投其所好。

在与老师交往的过程中，你的孩子首先要意识到必须采取主动。每个教师可能有 30 个、50 个甚至 150 个学生，而每个学生的老师却少之又少，因此要与老师形成某种积极的关系主要在于学生自己。孩子需要意识到老师也是人，也需要赞扬、帮助，也要感觉到自己工作得很出色，也需要学生的鼓励。展示兴趣，赞美老师，设法不要疏远或者胁迫行政决策者。今天的老师就是明天的老板或者监督人。在两种情况下，他们都能决定你们是否得到提拔。孩子学会与成人打交道绝对是一种有用的能力。

为什么说坚守孤独有时候更可贵

虽然有效的社交语言和社交行为能够使大部分人的生活更加轻松、更有色彩，然而有些孩子看起来孤独却自得其乐。由于不能接受同学的价值观、文化观或者不想效仿哥哥姐姐，他们自愿选择了特立独行。只要孩子自己觉得舒服自在，这种独立可以看成是一种力量。无论如何，我们这些独特的个人主义者应当确信，我们不是因为缺乏社交能力才退出社交舞台，而是我们自己觉得有必要这样做，而且我们也愿意这样做。

父母必须明白，孩子无须为社交的成功付出太大代价。天生我才必有用，每一种性格都有其用武之地，少年儿童没有必要为社交而牺牲或者破坏自己的人格或者个性。任何年龄阶段的孩子都会受到同伴的压力，到了中学这种压力会更大。处处求同，就会屈服于人群专制，就会在不知不觉中放弃个性，变得说话、走路、行动、穿着都和别人一样，甚至被迫看无聊的电视、听不好的音乐、与不好的人交往，这实在是一件很悲哀的事情。那些社交过于顺利，醉心于交友的孩子，为了廉价的欢迎浪费太多的时间和精力，付出过于昂贵的代价。直到19、20岁，他们才意识到自己囊中空空，一无所有。

是参加游戏还是坚决退出，是要同伴的欢迎还是成为你自己，对于每个孩子来说，这一直是个艰难的决定。四年级到九年级，社交压力尤其强大。这个时期的压力也会锻炼出一些特殊英雄，他们知道如何抵御这些压力，展示真正的自我。我们应当支持并表扬那些坚持走自己路的孩子，那些与社交从众的潮流逆向而行的孩子。独立是他们的权利，拥有这种独立，需要巨大的勇气和力量。

（二）关于《马斯洛论管理》和《动机与人格》

什么叫作积极的心理学

汉密尔顿、弗洛伊德、霍布斯以及叔本华根据对人类最坏状态的研究提出了人性理论。这就好比我们研究被迫乘木筏在大洋上漂流、没有水和食物、时刻受到死亡威胁的人们，并以此作为研究人性的主要途径。以这种方法，我们所获得的更多的是关于绝望心理学的知识，而不是普通人性的知识。汉密尔顿是从贫穷、未受教育的人当中进行抽象、概括的；弗洛伊德则过多地从神经症患者中概括出一般；霍布斯和其他哲学家观察的对象是处于极为恶劣的社会、经济和教育状态下的民众。他们得出的结论不应该延伸到处于良好的经济、政治和教育状态中的人们。我们可以称此为低限度心理学或者贫穷心理学，但绝对不是普通心理学。对于马斯洛之前的心理学，马斯洛如此评价。

马斯洛进一步指出：如果一个人专注于研究精神错乱者、神经症患者、精神变态者、罪犯、违法者、意志薄弱者，他对于人类的希望必然会越来越有限制，越来越目光短浅，越来越退缩。他对人的期待会越来越少。

如果我们对人类心理学感兴趣，我们就应该注意采用自我实现的人、心理健康的人、成熟的人和基本需要已经满足的人作为研究对象，因为他们比通常符合一般标准或者正常的人更能够真实地代表人类。与目前的消极心理学，即研究病人或普通人而产生的心理学相比，通过研究健康人而产生的心理学完全可以被称为"积极心理学"。

什么是母语教学中的积极教育学

回到母语教学的论域。我们已经知道了诵读是学习母语的最佳途径、基本途径，那么面对学习能力参差不齐的班级，决定我们教学策略的，应当是羸弱孩子的需要还是正常孩子的需要呢？须知，正常儿童的现实需要，是羸弱儿童的潜在需要——正因为它是潜在而微弱的，所以更需要教师予以充分的满足和培养。孩子的自信力，往往来自教师的对待和暗示。当你"忽略"他们的羸弱，给予他们正常儿童的正常待遇的时候，便告知了他们："这也是你所需要的。你行。你能跟上。"

我们看待现实的眼光决定了我们行动的方向，而我们的行动也终将决定现实发展的方向。求知、生长是人的本能。当你确信学生是渴望成长的健康儿童的时候，他们更可能成为健康儿童；当你认定他们只配终年在一本教材上耗尽心力的时候，耗尽心力或许能够得到不错的分数，然而，他们将从内部患病。因为儿童追求新知、追求真实成长的基本需要遭到了挫折。让我们记住马斯洛的话：

当认知需要受到挫折的时候，很可能产生心理病态的后果：兴味索然、对生活失去热情、自我厌恶、压抑身体功能、逐步破坏理性生活和各种趣味等。

在那些新闻、消息、事实的来源被切断的国家，在那些官方的理论与明显的现实极相矛盾的国家，至少一部分人采取玩世不恭的态度，不相信任何价值，不抱任何希望，甚至怀疑不言而喻的东西，丧失道德，人与人之间的一般关系发生深刻的瓦解，等等。另一部分人似乎采取了更消极的方式：沉闷、顺从、丧失主动性、丧失能力和与世隔绝。

丰富的词汇对人意味着什么

1962 年夏，马斯洛应邀访问非线性公司。公司首席执行官兼总裁安德鲁·凯邀请马斯洛来访的目的，是让《动机与人格》的作者亲眼看看"积极的心理学"在工业管理中的应用成果——在非线性公司，从公司经济效益到员工精神状态都发生了积极而深远的变化。马斯洛看到：在实施"优心管理"的地方，企业引以为荣的创造性劳动成果不仅是优质产品，也是好公民、好市民、好丈夫、好父亲——即爱世界也被世界所爱的，自我实现了的，完整、幸福的新人。

那个夏天，安德鲁·凯曾与马斯洛谈到了词汇。安德鲁·凯回忆说："是的，我和他谈论过词汇，一般的英语词汇。我在 1954 年见过一位研究者，他的研究使我相信，如果一个人增加他的词汇量，也能大大地提高他的学习能力，使其提高 10%—100%。他说是的，你提高一个人的词汇量，也提高了他对世界的认识。有一件事情是我许多年之后才发现的——不论到哪里，每次谈话我都是这样说的——词汇量越少，偏执狂倾向越高。想想吧，如果增加词汇量能提高一个人对世界的认识，减少词汇量就意味着对世界缺乏认识。他实际上是一个盲人。"

首席执行官兼总裁的地位使得安德鲁·凯容易将自己的理念落到实处。20 世纪 60 年代，非线性公司花 80 万美元购置录音设备，开设词汇量提高课程。企业如此费心费钱，只是为了增加雇员的词汇量！提高雇员词汇量则是为了提高雇员学习能力，改变雇员对世界的认识。公司相信，相比于领导人的卓越强干，提高全体员工的整体素质才是谋求企业竞争力的可靠途径。

2007 年寒假读《马斯洛论管理》，万万没有想到，在这本论管理的书中，居然读到"优心管理"企业对于提高员工词汇量的重视。由此，更加深刻地认识到人本主义心理学的一个基本观点："人是完整的。""个人是一个一体化的、有组织的整体。"

同时更加确信：在这个现实世界远非清新、美好、健康、安全的糟糕时代，在这个童年因重重压力、重重诱惑、重重污染、重重恐惧变得混乱、破碎、躁动、虚无的荒诞时代，让儿童爱上阅读和诵读，从而在大量且高品位的阅读中恢复生活的完整感、真实感，从而在琅琅书声中，找回生命的节奏和律动，是一件有意义的事情。

语言是存在的家园，童心是人格的雏形。日有所诵、大声读给孩子听，我们以母语教学为名所做的一切，固然是为了提高儿童的语言接受和表达能力，同时也是为了让他们成为体验丰富、感觉灵敏、视野开阔、具有较强审美需求和求知欲望的，可以生活在高级需要层面的新人。

何谓"知新而温故"

"温故而知新"的道理人人都懂，在我看来，就母语学习而言，一样重要的是"知新而温故"。没有孤立的语文知识和词语意义。在根部、在深处，所有的优质文本，它们美好的形式和美好的内涵都是相通相融的。每有新知进入，所有的旧知都会为之一动，并且在意识或潜意识的层面获得新的意义。

在汉语词语中，存在一种潜在的、自动化的联想机制。热和闹、冷和静，天然地联系在一起。说"热"很容易想到"闹"，而说"冷"也很容易联想到"静"。红杏枝头的红色花朵，作为色彩本来是无声的，但在汉语里，"红"和"火"自然地联系在一起，如"红火"。"火"又和"热"联系在一起，如"火热"。"热"又和"闹"联系在一起，如"热闹"。所以红杏春意可以"闹"。这个"闹"字，既是一种自由的、陌生的（新颖的）突破，又是对汉语潜在规范的发现。这是孙绍振（在《名作细读》中）对"红杏枝头春意闹"的妙解，既新颖又令人信服。这让我天然地联想到广泛的、难度适宜的阅读对于提高语文成绩的作用。

为什么儿童不宜过早承受生存竞争的压力

在中国，一个残忍的事实是：源于就业压力的高考压力已经向下延伸为中考压力、小中考压力，甚至打破脑袋争进名牌小学的幼教压力。恳求各位，拜托各位，尽己所能，能救多少是多少，能帮一个是一个，在你能力所及的范围内，为一校的孩子、一班的孩子，最不济，是你自己的孩子，你亲戚朋友、兄弟姊妹的孩子，撑起一片安全的天空，筑起一个牢固的屋顶。不要让儿童过早地暴露、厮杀在生存竞争的腥风血雨中，让孩子有一个祥和、安全的童年。

原因很简单，一个过早承受着竞争压力的孩子，将一辈子走不出生存恐惧的阴影。这种阴影和重压，将从根部剥夺儿童生命中的温暖和光明。考多高的分数也不能治愈童年种下的孤寒和焦虑，奋斗到多高的社会地位也不能使他成为幸福的人。

在今天，什么样的人才是幸福的

心理学的研究一再证实：这种孤寒和焦虑，除了促成不良的心理后果，还会造成不良的生理后果，即健康状况的恶化。教育的目的在于帮助和教会人们度过幸福的一生。在今天，什么样的人才是幸福的？在今天，幸福的人已不再是财富、权位、知识的拥有者，而是身心健康的人、天性未遭扭曲的人。也只有这种身心健康、天性未遭扭曲的人，能将天赋和潜力发挥到极致，成为先天禀赋决定他应当成为的样子，成为安住于幸福、宁静与充实之中的好学者、好医生、好教师、好律师、好工人、好农民、好鞋匠、好艺术家。

人类基本需要的递进关系怎样

马斯洛将人类的基本需要分为五个层次：生理需要、安全需要、归属需要、自尊需要、自我实现的需要。这是一个由低往高逐渐提升的需要序列。一般情况下，当低级需要得到相当程度满足的时候，高级需要就开始萌芽，并逐渐取代低级需要在机体中的主宰地位和优势地位。在大多数人那里，基本需要都是按照由低往高的等级次序排列的，但也有例外的情况。

什么是人类基本需要的跨越式发展

对有些人来说，自尊似乎比爱更重要。另一些人则天生具有强烈的创造性冲动，他们的创造性不是由于基本需要得到满足才释放出来的自我实现，而是无视基本需要的自我实现。

一些人的基本需要停止发展的原因是什么

这是人类基本需要递进发展的向下的例外：有些人的志向水平永远处于低压或者压抑状态。而所谓人格变态就是永远丧失了爱的需要、爱的能力。这些可怜的人，由于从生命的头几个月开始就缺乏爱的哺育，所以永远丧失了对爱的需要、给予爱的能力以及接受感情的能力，就像动物因出生后未能立即锻炼而丧失了吸吮或啄食的反应能力一样。

相比于高级需要，低级需要的力量强大有如地球引力。越是低级需要，对于维持生存就越迫切。当机体被低级需要主宰的时候，他的人生观也会随之发生变化。对于一个长期极度饥饿的人来说，乌托邦就是一个食物充足的地方。对他来说，生活全部的意义就是吃，其他任何东西都不重要。杰克·伦敦的小说中，自由、爱、公众感情、尊重、哲学，都被当作无用的奢侈品放在一边，因为它们不能饱肚子。

生活中不乏这样的人：腰缠万贯却极端吝啬，位高权重却疑虑重重。生存与安全的"事实保障"，并不能自动提升他的需要层次和人格境界。他们的发展似乎停滞了，他们的需要似乎固着于某一低级层次——赚钱越多越不满足，权力越大对权势越贪婪。这是为什么呢？马斯洛认为，造成这种停滞的原因，应当追溯到童年的不幸对于人格的影响。

幼儿时期所得到的满足与成年性格之间有着密切而全面的联系。健康成人的许多优秀品质都是童年时期对爱的需要得到满足的积极后果。这些品质包括独立自主的能力、忍受爱的匮乏的能力、爱但又不放弃自主性的能力……如果一个人的基本需要在童年没有得到充分满足，其后果就是：已经得到满足，应该失去优势地位的时候，这种需要仍然主宰着人的意识和行为，使其生活境界不能往高处提升。

为什么从内部适应了应试教育的人一旦成为教师、校长、局长，会在一夜之间由受害者成为变本加厉的摧残者？因为他的内心从小就充满了危机意识。这种危机意识是如此深入骨髓，以至伴随其个人作用力的增长，对家庭、班级、学校、社会发生不同程度、不同范围的危害——从自己开始，将作用所及的子女、学生、下属变为狭隘、冷漠、刚硬、顽固的"丛林居民"。在这些丛林居民的眼中，社会不过是危机四伏的丛林；在这些丛林居民看来，爱与归属的需要、自尊自主的需要、自我发展的需要，通通都是梦话。

什么是高级需要的自治力

高级需要是一种较晚的种系的或进化发展的产物。我们和一切生物一样具有对食物的需要，我们与高等类人猿一样具有爱的需要。而自我实现的需要、审美的需要、认知的需要则是人类独有的。越是高级的需要，就越为人类所特有，就越是人之为人的精髓所在。处于高级需要的生活水平上，意味着更大的生物效能、更长的寿命、更少的疾病、更好的胃口等。越是高级的需要，对于维持纯粹的生存也就越不迫切，所以相比于低级需要，它们是微弱的。

人不需要别人提醒自己的饥饿、寒冷，也从不需要在饥饿、寒冷的状态下经别人的提醒才知道寻觅食物和衣服。能够辨别自己的内在需要，知道自己在生理需要和安全需要之上真正想要的是什么，这是一个重要的心理成就。这意味着人认出了自己，从而有可能成为自己。有多少人，一辈子是在"为生活"，而从未真正地生活过！

值得观察的现象是，人们在满足了高级需要，并且经历了高峰体验之后，高级需要会变得具有自治能力。高级需要不再依赖于低级需要的满足和支撑。也就是说，高级需要一旦牢固建立，就可以相对地独立于低级需要。

历史上有太多突破环境局限、实现自我超越的圣人、伟人、天才、殉道者可以证明这一点。无数事实证明：个人能够比他所生长和生活于其中的文化更健康，甚至健康得多。之所以有这种可能，主要是因为这个健康的人有超然于周围环境的能力。也就是说，他依据内在法则而不是外界的压力生活。因为他经历过高峰体验甚至神秘体验。

为什么追求高级需要是值得和必需的

高级需要的满足能引起更合意的主观效果，即更深刻的幸福感、宁静感以及内心生活的丰富感。安全需要的满足最多只能产生一种如释重负的感觉。无论如何它不能产生像爱的满足所导致的那种高峰体验、极度幸福、令人心醉的爱，或是宁静、理解、高尚等感受。高级需要的追求与满足将形成更伟大、更坚强以及更真实的个性。

为什么说适应良好有时候不是好事

在通常意义上，正常顺应或者适应良好的人，意味着对大部分深层次人类天性的成功排斥。良好地适应于现实世界意味着人格分裂，意味着这个人要排除相当一部分的内在，因为这些内在的东西是不合时宜的、充满危险的。但是这样做也使他损失了很多，因为这些深层次内容也是他所有的快乐能力、游戏能力、爱的能力、笑的能力以及创造能力的源泉。在保护自己免受"内在魔鬼"伤害的同时，他也切断了自己与"内在天堂"的联系。他的直觉、柔情、情感将趋于被窒息或扭曲。

急切地屈服于自己文化中的摧残力量的人，即适应性强的人，在某种意义上，也许还不如那些违法者、罪犯、神经症患者健康。这些异端分子，正是以自己的反应显示了他们有足够的胆量反抗折断自己精神脊梁的文化。异端思想的价值，不在思想内容在今天看来是否合理，而在于异端的本身。主流思想渐进的可能在于包容异端思想。今天我们视为必需和常识的，当初都是异端的、大逆不道的，比如自由恋爱，比如男女平等，比如对于个人财产的保护，等等。

为什么说倾听天性的召唤是自我实现的先决条件

依据内在法则而不是外界的压力生活，这是完成自我实现的先决条件。这种人对于所生长和生活于其中的文化来说，是永远的异端分子、永远的异乡人。安徒生的丑小鸭就是这样的典型。

小鸭不堪欺凌离家出走，成了一个流浪儿。他遇到了野鸭、大雁，他从猎狗的口中死里逃生，最后来到一个老太婆的家里。这里有一只公猫和一只母鸡，他们傲慢却没有暴力倾向。在这里，生存和安全都没有问题，甚至只要他肯同意公猫和母鸡，爱和归属也能够得到！原本，只要小鸭愿意将就，只要小鸭肯放弃自己对于世界的认识，是可以在这里不错地过活的，然而他却又一次出走。小鸭想要的，不是生存，而是生活，是活成自己该有的样子，是拥有自己该有的世界。

"我想我还是走到广大的世界里去好。"小鸭说。

虽然妈妈的"广大世界"和小鸭心中的"广大世界"不同，然而，正是母亲的话，将"广大世界"作为种子播到了小鸭的心田，于无意识中唤醒、激活了孩子潜藏的天性。

天性的力量是巨大的。天性在无意识中召唤你朝天性规定的方向去，成为你该成为的你。小鸭不肯屈从环境的压力，拒绝认同老太婆的屋子是世界最好的一半，而再次出走，从而有机会在旷野中看见天鹅，从而震慑、激动于那群巨鸟的奇异和美丽。这后来的一切，都是因为小鸭服从了自己天性的命令。

一天晚上，正当美丽的太阳下落的时候，有一群漂亮的巨鸟从灌木林里飞出来。小鸭从来没有看到过这样美丽的东西。他们白得发亮，他们的颈又长又柔软。这是一群天鹅。他们发出一种奇异的叫声。他们展开美丽的长翅膀，从寒冷的地带，向温暖的国度，向不结冰的湖泊飞去。

如果不是偶然落在鸭窝，这是小鸭顺理成章可以拥有的将来。但是，因为落在鸭窝，小鸭，就只能凭借天性的指引，于朦胧中顽强追求着应该属于自己的飞翔，应该属于自己的广袤的天空，应该属于自己的高贵的族群。在所有小天鹅那里最自然不过的长大能飞，在小鸭这里，则是历尽艰辛、百折不回的自我确认、自我实现。

> 他在水上像车轮那样不停地旋转，同时把自己的颈高高地向他们伸着，发出一种那么奇异、那么响亮的叫声……他再也忘记不了这些美丽的鸟儿，这些幸福的鸟儿。他不知道这些鸟儿的名字，也不知道它们要飞到什么地方。不过他爱他们，好像他从来还没有爱过什么东西似的。我要飞向他们，飞向这些高贵的鸟儿！

可怜的小鸭，可敬的小鸭，艰难的小鸭，顽强的小鸭！这种莫名的激动、狂躁，乃是因为他听见了天性的召唤。到此为止，他已经认出最深最真的自己；到此为止，飞翔已是非如此不可的结局。

为什么说谦卑有时恰是一种尊贵

> 他感到非常难为情。他把头藏到翅膀里面，不知怎么办才好。他感到太幸福了，但他一点也不骄傲，因为一颗好的心是永远不会骄傲的。他想起他曾经怎样被人迫害和讥笑过，而现在他却听到大家说他是美丽的鸟中最美丽的一只。他竖起羽毛，伸直细长的颈，从内心发出一个快乐的声音："当我还是一只丑小鸭的时候，我做梦也没有想到会有这么幸福！"

"苦难中追求梦想，幸福中怀有谦卑。"这是窦老师提炼出来的小鸭的高贵精神。在我看来，当人怀揣高远的梦想，当苦难是成就英雄的磨砺的时候，所谓"苦难"就不是苦难，乃是走过的道路、闪亮的勋章；而所谓"谦卑"，正如忠诚，是英雄才有的高贵品质。面对种种欺凌和嘲笑，丑小鸭几乎没有怨恨和反抗，这种看似软弱的忍让和顺服，其实都是因为他怀揣了一个高飞的梦想。一个志在高飞的人，是无论如何也无心和终其一生匍匐行进的人们辩论抗争的。所以，这里的忍让和谦卑，恰是一种尊贵。

丑小鸭和我们有什么关系

也许，我们每个人都是误落到鸭窝里的天鹅蛋。上帝让我们落在鸭窝，是有意味的：他迫使我们从出生的第一天起就走在回家的路上，自我实现的路上。他考验我们是否还能听见自己内心的声音。他安排太多磨难，以期我们获得与外形一样高贵的内修。小鸭最终完成的回归与自我实现，固然因为小鸭曾在天鹅蛋里待过，更因为小鸭始终不肯屈从于几乎整个包围了他、覆盖了他的谬误的环境。所有那些识时务者，他们或将母鸡、公猫所在的圈子当作世界最好的一半去热爱，或将雁儿姑娘当作最浪漫的天使去追求。他们将获得很多，代价是失去整个自己。他们白白地在天鹅蛋里待过。

什么叫成长价值

马斯洛充满感情地指出：在达尔文主义的生存价值之外，我们现在还可以提出"成长价值"。它不仅有利于生存，也有利于个人的成长，使人性更完美，使人的潜力得到发挥，追求更大的幸福、更深的宁静以及高峰体验，走向超越，获得对现实更丰富、更精确的认知，等等。我们不再仅仅依赖于纯粹的生存权来作为我们谴责贫困、战争、专制、残酷的唯一证据。我们也可以因为它们降低了生活、人格、意识以及智慧的品质，而把它们看作是丑恶的。

为什么优质教育应当让优秀学生得到最大的益处

优质教育应当让最优秀的人得到最大的益处。因为佼佼者是学习共同体的领头雁，当他们的发展需要得到满足，他们所拥有的速度和能量，他们所焕发的生机和活力，他们所拓展的空间和视野，必将溢出个人的范围，回向共同体，从而使得共同体的生活变得开阔、丰富。孩子就是孩子，对于一个班的小家伙来说，再怎么优秀，也是游戏伙伴、同门学友。身边榜样的力量往往是无穷的。

为什么说学校应当成为满足和培养高级需要的地方

有两种海鸥，一种把飞行当作觅食的手段，因此，竞逐的范围主要在海岸边的船舷。争食的目标，主要是水手施舍的零食。另一种海鸥却只把飞行当作飞行，因此等它把飞行的技术练习到最快的时候，虽然没有把觅食放在心上，但它却可以享受到内陆与远洋的山珍海味。

固恋于低级需要的教育所做的，就是压抑、引诱孩子成为第一种海鸥，以水手施舍的零食做诱饵，让孩子相信这是海鸥唯一的食物。更有甚者，学校甚至用看不见的巨网将海鸥笼罩起来，使得海鸥与真实的天空隔绝。当越来越多的孩子忘记天空、忘记飞翔，成为第一种海鸥的时候，甲板和船舷就成了战场。当甲板和船舷成为战场，当甲板和船舷上的搏杀成为取得食物、取得生存的唯一途径的时候，海鸥就不再是海鸥了。它们不仅不能飞翔，而且不能吃饱。

学校应当成为满足和培养高级需要的地方，学校应当成为海鸥起飞的地方。就母语教学而言，为儿童营造尽量清新、开阔、丰富、美好的语言环境，尽量引导孩子将目光投向高远的天空，尽量激发孩子跃跃欲飞的冲动，这才是我们该做的事情。

高级需要是人类弱势的类本能，弱势的类本能需要一个仁慈的文化来孕育它们，使它们出现，得到表达和满足。学校是传播、更新、发展文化的地方，学校首先应当成为满足和培养高级需要的地方。

以生存的名义，更以成长的名义。